मेरे जीवन का मुख्य काम बातचीत की भूली हुई कला और सही समय पर सही शब्दों से सही परिणाम पाने की शक्ति को समर्पित रहा है।

अक्सर कोई ग्राहक आप जैसे ही किसी और व्यक्ति की जगह आपको चुनने का निर्णय करता है तो यह आपकी बातचीत की क्षमता पर निर्भर करता है कि आप वास्तव में जानते हैं कि क्या कहना है, कब कहना है और इसे कैसे महत्व देना है।

यह किताब शब्दों की शक्ति को सामरिक अंतर्दृष्टि प्रदान करती है और सफलता के लिए प्रेरित लोगों को वे साधन देती है, जिससे वे जो चाहते हैं उससे ज्यादा पाने के लिए सशक्त बन जाएँ।

यदि आपको अपनी टीम के लिए इस किताब की और ज्यादा कॉपीज् की तलाश है तो - speaking@philmjones.com पर संपर्क करें और थोक मूल्य निर्धारण और अनुकूलन (कस्टमाइजेशन) के लिए अपने विकल्पों के बारे में भी जानकारी प्राप्त करें।

छू मंतर काली कलंतर - आप करोड़पति हैं! अगर आप इस किताब में दी हुई फिल जोन्स की सलाह मानेंगे तो ऐसा ही होगा। इसे कई बार पढ़ें और आपको लगेगा कि इसका अर्थ जितना आपने समझा है, यह उससे कहीं अधिक है!

- **जेफरी हेज़लेट,** प्राइमटाइम टीवी और पॉडकास्ट होस्ट, सी-सूट नेटवर्क के चेयरमैन

वास्तव में देखा जाए तो सही तरीके से बोले गए सही शब्द हालांकि वास्तव में कोई जादू नहीं हैं, लेकिन निश्चित रूप से इसके परिणाम जादुई हो सकते हैं। लेखक ने हमारे लिए यह बहुत उपयोगी गाइड लाकर अत्यधिक सराहनीय काम किया है।

- **बॉब बर्ग,** *द गो-गिवर* के सह-लेखक

मुझे इस किताब में जो सबसे अच्छी बात लगी वह यह है कि फिल ने इस शानदार किताब के अंत में कहा है "इस किताब में आपने जो कुछ भी सीखा है-वह बेहद सरल, प्रयोग में आसान और परिणाम देने वाला है।" यह आजमाई हुई, परखी हुई व प्रमाणित है और इस बात की गारंटी है कि यह पुस्तक आपको बार-बार अपना रास्ता पाने करने में आपकी मदद करेगी।

- **फिलिप हेस्केथ,** अनुनय और प्रभाव पर मनोविज्ञान के प्रोफेशनल वक्ता और लेखक

यदि आप संभावनाएं चाहते हैं, ग्राहक, सहकर्मी, बॉस या किसी भी व्यक्ति से आप जो भी चाहते हैं वह आपके लिए "हाँ" कहें तो मेरे पास आपको

सलाह देने के लिए तीन जादुई शब्द यही हैं कि "यह किताब पढ़ें!" 'एक्ज़ैक्टली व्हाट टू से' उन सभी लोगों को जरूर पढ़नी चाहिए, जो कोई प्रोडक्ट, सर्विस या कहानी बेचते हैं या पहली बार में ही दूसरों पर अपनी छाप छोड़ना, प्रेरित करना, साथ लेना और प्रभावित करना चाहते हैं। यह किताब आपको सम्मोहक वाक्यांशों का उपयोग करने, सही समय पर सही सवाल पूछने और आपकी व्यक्तिगत और व्यावसायिक शब्दावली से गलत शब्दों को हटाने में आपकी मदद करेगी।

- **सिल्वी डि गिउस्टो,** मुख्य वक्ता और कॉर्पोरेट छवि सलाहकार

यह किताब आइडियाज और आसानी से लागू हो सकने वाले सुझावों से भरी हुई है, जो किसी भी इंसान को उसके द्वारा की गई बातचीत से मनचाहे परिणाम प्राप्त करने में सहायता करेगी।

- **ग्रांट लेबॉफ़,** सीईओ, StickyMarketing.com

फिल के आसान, लेकिन शक्तिशाली जादुई शब्दों को लागू करके हमने पिछले कुछ सालों में 20 मिलियन पाउंड के बिज़नेस कि वृद्धि की है और अब यह हमारा अभिन्न अंग बन गया है। एक्ज़ैक्टली व्हाट टू से में, फिल ने वास्तविक दुनिया की समस्याओं के समाधानों से भरी एक पुस्तक दी है, जो आपको जीवन और व्यवसाय में वांछित परिणाम पाने के लिए प्रेरित करेगी।

- **रिचर्ड डिक्सन, निदेशक, हॉलिडेज़प्लीज़**

सबसे अच्छी कहने लायक चीज़ के बारे में सोचने का सबसे बुरा वक्त हमेशा वह होता है, जब आप वास्तव में उसे बुरा कह रहे होते हैं! मैं लंबे

समय से महान और शक्तिशाली स्क्रिप्ट, जानलेवा सवालों और जादुई वाक्यांशों का प्रेमी और छात्र रहा हूँ, जो दरवाजे खोलते हैं और बिक्री बंद कर देते हैं और उस सटीक कुंजी को ढूँढने में फिल जोन्स से बेहतर कोई नहीं है, जो कई स्थितियों को अनलॉक कर देंगे। यदि आप अपनी सेल बढ़ाना व बेहतर प्रभाव डालना चाहते हैं और ऐसा करने में बहुत कम समय लेना चाहते हैं तो यह किताब आपकी सफलता के लिए एक जादू की छड़ी साबित होगी!

- **रॉब ब्राउन,** नेटवर्किंग कोचिंग अकादमी के संस्थापक और बिल्ड योर रेपुटेशन के बेस्टसेलिंग लेखक

फिल जोन्स बिक्री में आई जटिल स्थितियों की वास्तविकता को उजागर करने में मदद करते हैं। पुस्तक में दिए गए शक्तिशाली वाक्यांश दर्शाते हैं कि बिना किसी दबाव के दूसरों को ईमानदारी के साथ कैसे प्रभावित किया जाए। ऐसा करने के लिए आप हर दिन इन रत्नों का उपयोग करेंगे।

- **इयान ऑल्टमैन,** सेम साइड सेलिंग के सह-लेखक, Forbes.com कॉलमनिस्ट

यदि आप हर हालत में ज्यादा प्रभावशाली बनना चाहते हैं, तो आपको इस किताब में दिए गए आसान, लेकिन शक्तिशाली उपायों में महारत हासिल करने की जरूरत है। 'एक्ज़ैक्टली व्हाट टू से' मानव व्यवहार पर लिखी लगभग हर दूसरी किताब की जगह ले सकती है- यह बहुत उपयोगी पुस्तक है।

- **जॉन जैंटश,** *डक्ट टेप मार्केटिंग* के लेखक

क्या आपने कभी सोचा है कि एक घोड़ा रेस क्यों जीत जाता है और दस गुना कमाई क्यों कर लेता है? क्या विजेता घोड़ा दूसरे स्थान पर रहे घोड़े से दस गुना बेहतर था? ऐसा शायद ही होगा। या फिर जो रेस जीती गई, वह सिर्फ बागडोर संभालने वाले व्यक्ति की वजह से जीती गई। यही बात सेल्स और मार्केटिंग पर भी लागू होती है। जो चीज़ किसी को विजेता बनाती है वह 'द विनिंग एज्ज' नामक अवधारणा है। मेरे शुरुआती गुरुओं में से एक ने मुझे यह समझाया कि "आप जो कुछ भी करते हैं वही आपकी बिक्री की क्षमता को बढ़ाता या कम करता है। कोई भी विवरण, चाहे वह कितना ही सूक्ष्म क्यों न हो, तटस्थ नहीं है।" यही कारण है कि मुझे फिल जोन्स की पुस्तक 'एक्ज़ैक्टली व्हाट टू से' बहुत पसंद है। यह छोटी, लेकिन शानदार और सशक्त किताब है, जिसमें उन्होंने कुछ प्रमुख वाक्यांशों का उपयोग करने का तरीका साझा किया है, जो आपको विजयी बनाने में मदद करेगा। इसमें कोई शक नहीं है कि किसी भी मार्केटिंग और सेल्स की स्थिति में शब्द बहुत मायने रखते हैं, इसलिए यह सुनिश्चित करें कि आपके शब्द जादुई हों।

- **ब्रायन ईसेनबर्ग,** *न्यूयॉर्क टाइम्स, वेटिंग फॉर योर कैट टू बार्क? और बी लाइक अमेज़ॅन के बेस्टसेलिंग लेखक*

'एक्ज़ैक्टली व्हाट टू से' प्रभाव डालने, ग्राहकों को राजी करने और टॉप-प्रोड्यूसिंग बिज़नेस रिजल्ट देने की कला में एक मास्टरक्लास है। अपने बिज़नेस और निजी जीवन में ज्यादा प्रेरक बनने की चाहत रखने वाले किसी भी व्यक्ति को इस पुस्तक को अवश्य पढ़ना चाहिए।

- **सेठ प्राइस,** द रोड टू रिकॉग्निशन के बेस्टसेलिंग लेखक

एक्ज़ैक्टली
व्हाट
टू से

एक्ज़ैक्टली

फिल एम जोन्स

प्रभाव और परिणाम
के लिए जादुई शब्द

एक्ज़ैक्टली व्हाट टू से

Paperback: 978-811962395-2

Printed by: Manipal Technologies Limited, Manipal

Sanage Publishing House LLP
Mumbai, India

sanagepublishing@gmail.com

जिस बात को आप कहने जा रहें हैं, उसके बारे में सोचने का सबसे खराब समय वह पल होता है, जब आप वह बात कर रहे होते है।

यह पुस्तक आपको लगभग हर ज्ञात संभावना के लिए तैयार करती है, जिससे ज्यादातर बातचीत में आपको उचित लाभ मिल सके।

शुरुआती शब्द

मैं अनुमान लगा रहा हूँ कि आपने कई कारणों में से किसी एक कारण से यह किताब चुनी है।

हो सकता है कि आप एक अनुभवी सेल्स प्रोफेशनल हैं, जो अपनी स्किल को निखारना चाहते हैं, हो सकता है कि आप एक बिजनेस चलाते हों और अपने लिए नए रास्ते तलाश रहे हों या शायद आपको खूबसूरती से डिज़ाइन किया गया इस पुस्तक का कवर पसंद आ गया हो जिस कारण आप इसके भीतरी पन्नों को देखने के लिए मजबूर हो गये हों। हालाँकि एक बात मुझे अच्छी तरह पता है, वह यह है कि इस किताब में आपका इतना आगे तक पहुँचना मुझे बताता है कि आप बदलाव के बारे में खुले विचारों वाले इंसान हैं और अपनी व्यक्तिगत सफलताओं के बारे में गंभीर भी हैं।

मैंने लोगों, मानवीय रिश्तों और व्यावसायिक संबंधों का जो अध्ययन किया है, उसके दौरान, मैं इस बात से हैरान रह गया हूँ कि कुछ लोग बिल्कुल एक जैसे सामग्री के साथ दूसरों की तुलना में नाटकीय रूप से अलग और बेहतर परिणाम कैसे प्राप्त कर लेते हैं।

कई बिज़नेस ऐसे होते हैं, जिनमें लोगों के पास समान उत्पाद और संसाधन होते हैं। इसके बावजूद कुछ लोग ग्राहक ढूँढने के लिए संघर्ष करते हैं, जबकि कई लोग सफलता की सीढ़ियां चढ़ते जाते हैं। हालांकि उनके दृष्टिकोण और कोशिश में अंतर होता है। इसके अलावा, मैंने सीखा है कि इन सफल लोगों में एक बात समान है और वह यह है कि वे जानते हैं कि वास्तव में क्या कहना है, कैसे कहना है और इसे कैसे महत्व देना है।

इस अहसास ने मुझे शब्दों के उस अंतर की तरफ आकर्षित किया है, जिसमें शब्दों का बहुत छोटा सा बदलाव पूरी बातचीत के नज़रिए को तय कर सकता है और इसी ने मेरे अध्ययन को उन सटीक ट्रिगर्स के बारे में प्रेरित किया है, जो किसी व्यक्ति की विश्वास प्रणाली में बदलाव का कारण बनते हैं।

2012 में, मैंने मैजिक वर्ड्स नाम से एक छोटी किताब प्रकाशित की थी, जिसमें मेरे उन शब्दों को प्रमुखता से शामिल किया गया था,

जिन्हें मैं अपने प्रशिक्षण और भाषणों में प्रमुखता से शामिल करता हूँ। यह एक ऐसी किताब है, जिस पर मुझे सचमुच गर्व है और सिर्फ इसलिए नहीं कि इस छोटी सी किताब ने कई बेस्टसेलर सूचियों में जगह बनाई, बल्कि इससे भी महत्वपूर्ण बात यह है कि जिन लोगों ने इसे खरीदा, उन्होंने वास्तव में इसे पढ़ा, उन्होंने जो सीखा उसका उपयोग किया और अपने शब्दों के चयन में आसान सा बदलाव करके अच्छे परिणाम प्राप्त किए। आइए, मैं आपको थोड़ा सा समझा दूँ कि ये जादुई शब्द क्या हैं।

दरअसल, जादुई शब्द ऐसे शब्दों का समूह हैं, जो सीधे अवचेतन मस्तिष्क से बात करते हैं। अवचेतन मस्तिष्क निर्णय लेने में एक शक्तिशाली साधन साबित होता है, क्योंकि यह हमारी कंडीशनिंग के माध्यम से बिना ज्यादा सोच-विचार किए निर्णय लेने के लिए कुदरत ने पहले से ही प्रोग्राम किया होता है। यह कुछ हद तक कंप्यूटर की तरह काम करता है - इसमें सिर्फ "हाँ" और "नहीं" आउटपुट होते हैं और यह कभी भी "शायद" पर नहीं पहुँच सकता है। यह मजबूत और निर्णायक होता है व तेजी से आगे बढ़ता है और प्रतिक्रिया पर प्रतिक्रिया करता है, इसलिए जरूरी है कि हम ऐसे शब्दों का उपयोग करें, जो सीधे मस्तिष्क के उस हिस्से से बात करते हों, जो 'शायद' शब्द से मुक्त हैं मतलब हमारे शब्द सीधे हमारे अवचेतन मन तक जाने चाहिए, इससे आपको बातचीत में सही लाभ मिलता है और इसके परिणामस्वरूप आप अपना रास्ता चुन सकते हैं।

उदाहरण...

यदि आप ऐसे उदाहरण ढूँढ रहे हैं, जिससे आपका अवचेतन मस्तिष्क आपकी मदद कैसे करता है ज्ञात तो सके, तो यहाँ कुछ सरल उदाहरण प्रस्तुत हैं:

सोते समय अवचेतन मस्तिष्क के माध्यम से अपनी श्वास को **नियंत्रित करना**।

अपनी दिनचर्या में किसी से सहायता प्राप्त करना यानी किसी अपने के माध्यम से दिन की गतिविधियों के दौरान मदद प्राप्त करना।

आपका ध्यान तुरंत आपके नाम से मिलती-जुलती किसी भी चीज़ की ओर आकर्षित क्यों होता है?

हम सभी रोजाना अपने अवचेतन मस्तिष्क पर भरोसा करते हैं ताकि हम बिना प्रक्रिया, बिना गणना किए और हर निर्णय का खुद ध्यान रखे बिना ही हर उस चीज़ या घटना से निपट सकें जो हमारे साथ घटित होती है। इसका मतलब यह है कि हमारी जरूरत के बिना हमारे दैनिक जीवन में कई निर्णयों और कार्यों को संभालने में हमारे अवचेतन मस्तिष्क का हाथ होता है।

इस किताब में, मैं उनमें से कुछ जादुई शब्दों पर दोबारा गौर करता हूँ, कुछ नए जोड़ता हूँ और आपको सटीक उदाहरण देता हूँ ताकि आपको यह दिखाया जा सके कि उन्हें अपनी बातचीत में कैसे लागू किया जाए। मैं चुने हुए शब्दों के पीछे के सिद्धांतों को समझने में आपकी मदद करने और उन्हें अपने जीवन में ज्यादा से ज्यादा लागू करने में आपकी मदद करने के लिए हर संभव प्रयास करूँगा।

इन शब्दों को आज़माया जा चुका है, परखा जा चुका है और सही ढंग से काम में लेने पर ये परिणाम देने में सिद्ध हैं। हालाँकि, यह किताब सिर्फ जादुई शब्दों से कहीं ज्यादा है। जैसे-जैसे आप प्रत्येक सेक्शन पर काम करेंगे तो लोगों को क्या चीज आकर्षित करती है, इस बारे में आपको शक्तिशाली अंतर्दृष्टि प्राप्त होगी और आप सीखेंगे कि कैसे साधारण से बदलावों पर तुरंत अमल करके आप अपने जीवन को इतना आसान बना सकते हैं। हाँ, सलाह देने का मकसद आपके बिज़नेस की सफलता को बढ़ाना है, बल्कि जिन सिद्धांतो पर चर्चा की गई है, उनमें से हर एक को किसी भी उद्योग और जीवन के हर क्षेत्र में आसानी से स्थानांतरित किया जा सकता है, जिससे आपको ज्यादा प्रेरक और प्रभावशाली बनने में मदद मिलेगी और आप जो कुछ भी करते हैं उसमें आपका बहुत प्रभाव पड़ेगा।

मेरी सलाह है कि इस किताब को पढ़ते समय अपने साथ एक नोटबुक और पेन रखें। प्रत्येक सेक्शन पर काम करते वक्त अपने खुद

के उदाहरण बनाने पर ध्यान दें। फिर जितनी जल्दी हो सके उन्हें अपने लिए आज़माने का फैसला करें। हर बार ऐसा करते समय बहुत सहज और आश्वस्त रहें। मैं आपके साथ जो कुछ भी साझा कर रह हूँ, वो सरल लग सकता है, लेकिन सरल का मतलब इसे लागू करना हमेशा आसान नहीं है। एक बार आप अपने आरामदायक क्षेत्र से बाहर निकलेंगे तो असहज होंगे पर बाद में सहज हो जाएँगे। मैं आपके परिणामों के बारे में सुनने के लिए उत्साहित हूँ इसलिए कृपया अपने चुने हुए सोशल प्लेटफार्म पर मेरे साथ जुड़ें और अधिक कुशल निर्णय उत्प्रेरक बनने के अपने अनुभव साझा करें।

अनुक्रमणिका

1 मुझे यकीन नहीं है कि यह आपके लिए है, लेकिन

सबसे आम कारणों में से एक, जो मैंने लोगों से सुना है और यह एक फैक्ट भी है कि वे अपने आइडिया, प्रोडक्ट या सर्विस को दूसरों के सामने पेश करने में सफल क्यों नहीं होते, क्योंकि वे इन्हें खारिज कर दिए जाने से डरते हैं।

यही कारण है कि मैंने सोचा कि इन जादुई शब्दों के सेट की शुरुआत करने के लिए यही सबसे अच्छी जगह है जहाँ इन शब्दों का उपयोग आप किसी को, किसी भी समय, किसी भी चीज़ से परिचित कराने के लिए कर सकते हैं। दरअसल, यह पूरी तरह से अस्वीकृति-मुक्त है। दराअसल प्रश्न में यह शब्द हैं कि, "मुझे यकीन नहीं है कि यह आपके लिए है, लेकिन।"

आइए थोड़ा ध्यान से समझें कि यह आसान सी वाक्य संरचना कैसे काम करती है।

कुछ कहने या किसी कथन की शुरुआत, "मुझे यकीन नहीं है कि यह आपके लिए है," इन शब्दों के साथ करने पर श्रोता का अवचेतन मस्तिष्क यह वाक्यांश सुनता है और निष्कर्ष निकलता है कि "यहाँ कोई दबाव या जिम्मेदारी नहीं है।" तो यह वाक्यांश इस तरह का सुझाव देता है कि उन्हें कोई रुचि नहीं हो सकती है और आप स्वाभाविक रूप से उनकी जिज्ञासा को बढ़ाते हैं। उन्हें आश्चर्य होता है कि 'यह क्या है' और जिज्ञासा की यह लहर उन्हें बांधे रखती है। इसके अलावा, यह वाक्यांश आंतरिक निर्णय लेने की प्रक्रिया को भी बढ़ाता है, जो उन्हें बताती है कि उन्हे निर्णय लेने की जरूरत है और नरम दृष्टिकोण यह सुनिश्चित करता है कि यह निर्णय दबाव रहित और आंतरिक भाव है।

हालाँकि, असली जादू इस क्रम के आखिरी तीन-अक्षर वाले शब्द के माध्यम से किया जाता है। एक शब्द ऐसा जिसे आम तौर पर सभी तरह की बातचीत में टाला जाना चाहिए और वह शब्द है "लेकिन"। यह इसके पहले व्यक्त की गई सकारात्मक भावनाओं यानी "मुझे यकीन नहीं है कि यह आपके लिए है," पर ग्रहण लगा सकता है।

कल्पना कीजिए कि आपको अपने नियोक्ता से एक कमेंट मिल रहा है, जो इन शब्दों से शुरू होता है, "आप जानते हैं कि आप टीम के महत्त्वपूर्ण सदस्य हैं। आप यहाँ जो कुछ भी करते हैं वह सब हमें पसंद है, लेकिन कुछ चीजों को बदलने की जरूरत है।" वह सिर्फ थोड़ा सा हिस्सा है जो आपको याद होगा कि कौनसा है? मैं अंदाजा लगा रहा हूँ कि आप जिस हिस्से पर सबसे ज्यादा ध्यान केंद्रित करेंगे यह वही है जो "लेकिन" शब्द के बाद आता है। शब्द "लेकिन" पहले कही गई हर बात को नकार देता है, इसलिए जब आप किसी से कहते हैं, "मुझे यकीन नहीं है कि यह काम आपके लिए है, लेकिन।" . . . ," आपको सुनने वालों के दिमाग में जो छोटी सी आवाज सुनाई देती है वह है, "आप शायद इसे देखना या आजमाना चाहेंगे।"

जब आप किसी से कहते हैं, "मुझे यकीन नहीं है कि यह आपके लिए है, लेकिन...," आपको सुनने वालों के दिमाग में एक छोटी सी आवाज़ जरूर सुनाई देती है, और वह है कि"आप फिर भी इसे देखना चाहेंगे।"

उदाहरण...

आपकी दैनिक दिनचर्या में मदद करने के लिए यहाँ कुछ उदाहरण दिए गए है-

मुझे यकीन नहीं है कि यह आपके लिए है, लेकिन क्या आप किसी ऐसे इंसान को जानते हैं, जो इसमें रुचि रखता हो? (अपने प्रोडक्ट या सर्विस के परिणाम डालें)

मुझे यकीन नहीं है कि यह आपके लिए है, लेकिन हमारी शनिवार को कुछ योजना है और हमारे साथ जुड़ने चाहें तो आपका स्वागत है।

मुझे यकीन नहीं है कि यह आप इसे चुनेंगे, लेकिन यह विकल्प केवल इसी महीने के लिए उपलब्ध है और मुझे अच्छा नहीं लगेगा कि आप इस मौके से चूक जाएंगे।

इस इंकार के डर से मुक्त दृष्टिकोण से एक सरल परिणाम उत्पन्न होता है। दो चीजों में से एक हो सकती है - पहला आपके श्रोता का झुकाव आपकी ओर बढ़ेगा और वह उस विषय पर अधिक जानकारी मांगेगा, क्योंकि इसमें उनकी व्यक्तिगत रूप से रुचि होगी या दूसरा सबसे खराब स्थिति में, वे कह सकता हैं कि वे इस पर कुछ विचार करेंगे।

2 खुले विचारों वाले

अगर आप एक हजार लोगों की भीड़ से पूछें कि क्या वे स्वयं को खुले विचारों वाले मानते हैं, तो मुझे पूरा विश्वास है कि उनमें से नौ सौ से भी अधिक लोग अपने हाथ खड़े कर देंगे।

इस धरती पर लगभग हर कोई खुद को इस कसौटी पर खरा मानता है, और 'ऐसा क्यों है' यह समझना भी बहुत आसान है।

जब विकल्प के तौर पर "बंद दिमाग" से विचार किया जाए तो पसंद की यह धारणा दूसरों को आपके विचार की ओर ले जाने की लगभग गारंटी देती है, मतलब 'खुले विचारों वाले' जैसे वाक्यांशों का उपयोग करके नए विचारों को प्रस्तुत करना वास्तव में एक प्रेरक तकनीक हो सकती है, क्योंकि लोग खुद को खुले विचारों वाला देखना पसंद करते हैं, इसीलिए अगर आप खुले विचार जैसी कोई अवधारणा पेश करेंगे तो लोग आपकी तरफ आएंगे और यह जानते हुए आप आसानी से अपनी बातचीत में खुद को सही फायदा दे सकते हैं। किसी अजनबी, दोस्त या टीम के भावी सदस्य को इस बिल्कुल नए विचार से परिचित कराते समय, "आप कितने खुले विचारों वाले हैं?" शब्दों का प्रयोग करें और उस वाक्य का प्रयोग उसी परिदृश्य के साथ करें, जिसके लिए आप चाहेंगे कि लोग उसे चुनें और जो आपको स्वाभाविक रूप से लोगों को उसी चीज़ की ओर आकर्षित करने में मदद करे, जिसके लिए आप उनका समर्थन चाहते हैं। पहले, उनमें आपसे सहमत होने की संभावना पचास-पचास प्रतिशत थी, इस भूमिका के साथ शुरुआत से अब आपके पक्ष में नब्बे प्रतिशत की संभावना में बदल देती है।

उदाहरण...

यहाँ कुछ व्यवहारिक शब्दों के उदाहरण दिए गए हैं:

एक विकल्प के रूप में इसे आज़माने के बारे में आप **कितने खुले विचारों वाले** होंगे?

क्या आप इसे एक मौका देने के बारे में **खुले विचारों वाले** होंगे?

अपनी मासिक आय बढ़ाने को लेकर आप **कितने खुले विचारों वाले** हैं?

क्या हम साथ मिलकर काम कर सकते हैं? यह देखने के लिए **आपके विचार कितने खुले हैं**?

इनमें से हर एक विकल्प इतना सकारात्मक और प्रेरक स्वर पैदा कर सकता है कि दूसरे व्यक्ति के लिए आपके विचार को ठुकराना बहुत कठिन बना देता है और यह कम से कम उन्हें संभावना तलाशने के लिए बाध्य महसूस कराता है। उन्हें ऐसा लगता है कि आप एक विकल्प दे रहे हैं, जबकि ऐसे वाक्यांशों का उपयोग करके वास्तव में आप उन्हें जो एकमात्र विकल्प दे रहे हैं वे उस पर बहुत अधिक ध्यान दे रहे हैं। सीधे शब्दों में कहें, "कम से कम इसे आज़माने के बारे में कि आप कितने खुले विचारों वाले हैं?"

किसी नए विचार को बताते समय शुरुआत इस प्रश्न से करें कि "आप कितने खुले विचारों वाले व्यक्ति हैं?" यह स्वाभाविक रूप से लोगों को उसी चीज़ की ओर आकर्षित करेगा, जिसे आप चाहते हैं कि वे अपना समर्थन दें, क्योंकि हर कोई खुले विचारों वाला होना चाहता है।

3 आप क्या जानते हैं?

आप कितनी बार खुद को ऐसी बातचीत में शामिल कर लेते हैं, जो तुरंत बहस बन जाती है। क्या आप किसी ऐसे इंसान से बात कर रहे हैं, जो सोचता है कि वह सबसे ज्यादा जानता है और शायद अपनी राय के साथ आपको भाषण भी देना चाहता है?

दूसरों को प्रभावित करने के लिए, आपको बातचीत को कंट्रोल करना आना ही चाहिए। कंट्रोल वापस पाने का एक तरीका यह है कि जब दूसरा व्यक्ति निश्चितता की स्थिति में हो, उसे संदेह की स्थिति में ले जाए।

आमतौर पर लोग सामने वाले व्यक्ति की राय को सीधे चुनौती देकर और कभी-कभी बहस में भी शामिल होकर अनिश्चितता की स्थिति पैदा करने की कोशिश करते हैं। मुझे यकीन है कि आपके जीवन में भी ऐसे पल आए होंगे जब आपको लगा होगा कि सामने वाला व्यक्ति बात को समझ पाने में अयोग्य है, आप निराश और इस बात से परेशान हो गए होंगे कि आप उनकी पुरानी धारणाओं को दूर नहीं कर सकते। यह नियमित रूप से तब हो सकता है जब आप नए विचारों या अवधारणाओं को पेश करने की कोशिश कर रहे हों और दुसरे लोगों की "मैं सबसे ज्यादा जानता हूँ" वाली मानसिकता पर काबू पाना मुश्किल हो सकता है।

"मैं सबसे ज्यादा जानता हूँ" ऐसी मानसिकता कई लोगों की होती है, उस पर काबू पाने का सबसे अच्छा तरीका है कि आप उस ज्ञान पर ही सवाल उठाए, जिस पर उस व्यक्ति की पूरी राय टिकी हुई है।

मुझे यकीन है कि आप चाहते हैं कि लोग आपके साथ बहस न करें, इसलिए इस स्थिति की वजह से आप हर बार पीछे हट सकते हैं। हालाँकि, किसी विचार या राय में योग्यता तभी हो सकती है जब वह सचमुच किसी प्रकार के ज्ञान पर आधारित हो। इस प्रकार के टकराव पर काबू पाने का सबसे अच्छा तरीका तर्क से जीतना नहीं है, बल्कि इसके बजाय, आपको उस ज्ञान पर सवाल उठाना चाहिए जिस पर दूसरे व्यक्ति की राय या उसके अपने विचार आधारित है। आपका लक्ष्य उस स्थिति को एक ऐसी स्थिति में बदलना है, जिसमें सामने तर्क करने वाला इंसान बातचीत में अपनी लाज बचाने की क्षमता बरकरार रखते हुए यह स्वीकार कर ले कि उसकी राय या विचार जिन पर आधारित थे, वे सबूत ही नाकाफ़ी थे। दरअसल "आप इस बारे में क्या जानते हैं . .?" इस पूरी भूमिका की शक्ति है, जो धीरे-धीरे सामने वाले के ज्ञान के आधार को खतरे में डालती है और उन्हें उस संदर्भ को साझा करने के लिए मजबूर करती है, जिस पर उनका तर्क आधारित है।

उदाहरण...

कुछ उदाहरण जिनका आप वास्तविक दुनिया में उपयोग कर सकते हैं ...

आप हमारे बारे में, हमारे बिज़नेस के बारे में और हमारे काम को अलग तरह से करने के तरीके के बारे में **क्या जानते हैं**?

____

जिस इवेंट (इवेंट का नाम सम्मिलित करें) के बाद से जो कुछ भी बदल गया है, उसके बारे में **आप क्या जानते हैं**?

____

यहाँ वास्तव में कैसे काम होता हैं, आप इस बारे में **क्या जानते हैं**?

____

आप (उत्पाद क्षेत्र के नाम को सम्मिलित करें) इसके लाभों के बारे में **आप क्या जानते हैं**?

यह सभी प्रश्न सामने वाले व्यक्ति को यह एहसास दिलाते हैं कि उनकी राय शायद सही नहीं है और उन्हे बदलाव के लिए तैयार रहना चाहिए।

उनके लिए सबसे बुरी बात यह हो सकती है कि आप उनके तर्क का सटीक आधार जान लें और फिर उस आधार के विपरीत अपनी बात रख सकें। आत्मविश्वास के साथ दूसरों को चुनौती देने के लिए इस तरह के शब्दों का उपयोग करें और ऐसे तर्कों से बचें जो हमेशा हारने वाले के पक्ष में समाप्त होते हैं, भले ही हारने वाला कोई भी हो, यानी आपके लिए अपने मनचाहे परिणाम पाने की संभावना नहीं रहती हैं या तो दोनों जीतते हैं या दोनों हारते हैं।

4 आपको कैसा लगेगा अगर?

"प्रेरणा" एक ऐसा शब्द है, जो सम्मेलनों में किसी कगज़ की तरह चारों ओर उछाला जाता है, लेकिन फिर भी, जब मैं अपने श्रोताओं से इस शब्द का अर्थ साझा करने के लिए कहता हूँ, तो जवाब में मुझे सिर्फ भावहीन चेहरे दिखाई देते हैं।

इस शब्द (प्रेरणा) का अर्थ बातचीत, प्रभाव और किसी को मनाने के आयामों को समझने के लिए सच्चा आधार बनाता है और यदि आप अपने प्रदर्शन को सर्वोच्च शिखर तक ले जाना चाहते हैं, तो आपको इसकी और ज्यादा छानबीन करनी चाहिए।

अगर सरल शब्दों में कहें, तो इस शब्द को समझने का मतलब यह होगा कि आप इसके माध्यम से शायद किसी से भी कुछ भी करवा सकते हैं।

'प्रेरणा यानी मोटिवेशन' शब्द दो बहुत ही साधारण शब्दों को एक साथ मिलाने से बना है। इस शब्द का पहला भाग, "मोटिव-" है जो लैटिन शब्द "मोटिवस" से लिया गया है, जिसका आधुनिक अनुवाद "मोटिव" है। 'मोटिव' के लिए दूसरा शब्द "कारण" है और दूसरा भाग "-एशन" है जो "क्रिया" यानि एक्शन से निकला है और अगर कोई क्रिया या एक्शन करने जा रहा है तो इसका अर्थ है कि वह कुछ करने जा रहा हैं या आगे बढ़ रहा हैं। तो, इसका मतलब यह हुआ कि प्रेरणा की एक बहुत ही सरल सी परिभाषा है कि प्रेरणा का मतलब "आगे बढ़ने का एक कारण" या कुछ "करने का एक कारण" होता है।

अब आप खुद से यह पूछें कि क्या यह कहना सही होगा कि अगर कारण बहुत बड़ा हो तो आप किसी से भी कुछ भी करवा लेंगे?

अगर आप चाहते हैं कि लोग वह काम करें जो आम तौर पर वे नहीं करना चाहते हैं तो सबसे पहले आपको ईमानदारी से एक सही कारण ढूँढना होगा जो काफी बड़ा कारण होना चाहिए। कौन से कारण काफी बड़े होते हैं, इस बात को समझने का मतलब, आपको यह समझना होगा कि लोग प्रेरित कैसे होते हैं। लोग इन दो चीजों में से किसी एक से प्रेरित होते हैं या तो नुकसान से बचना चाहते हैं या संभावित लाभ प्राप्त करना चाहते हैं। वे या तो उस रोशनी की ओर जाना चाहते हैं, जिसमें वे उस अच्छी चीज़ को ढूँढ पायें जिसकी वे तलाश कर रहे हैं या वे उस चीज़ से दूर जाना चाहते हैं, जिससे उन्हे नुकसान पहुँचने की संभावना हो सकती है। असली दुनिया हमें इस बात का ज्ञान कराती है कि लोग संभावित लाभ को पाने की तुलना में संभावित नुकसान से बचने के लिए कहीं ज्यादा मेहनत करेंगे। इससे भी बड़ा फैक्ट यह है कि कोई व्यक्ति जहाँ नहीं रहना चाहता या जो वह नहीं होना चाहता और इसके विपरीत जहाँ वह रहना चाहता है या जो होना चाहता है, उसके बीच आप जितना ज्यादा विरोधाभास पैदा कर सकते हैं, उतनी ही ज्यादा संभावना है कि आप लोगों को आगे बढ़ा पाएंगे। प्रेरणा की सच्चाई को समझकर और इस बिंदु के साथ मिलकर आपको जादुई शब्दों के इस सेट के लिए वास्तविक संदर्भ मिलता है।

दूसरी बात जिस पर आपको विचार करना चाहिए, वह यह है कि क्या लोगों के निर्णय भावनाओं पर आधारित होते हैं या तर्क पर, इस प्रश्न का सही उत्तर, वास्तव में दोनों है, बस बात सिर्फ इतनी है कि निर्णय हमेशा पहले भावनात्मक कारणों से लिया जाता है।

वास्तविक दुनिया हमें बतती है कि लोग संभावित फायदे को हासिल करने की तुलना में संभावित नुकसान से बचने के लिए कहीं ज्यादा मेहनत करेंगे।

कुछ भी समझने से पहले उसे सही ढंग से महसूस करना होगा। मुझे यकीन है कि आप इस उलझन में बातचीत से ही दूर चले गए होंगे कि उस दूसरे व्यक्ति ने आपकी सलाह क्यों नहीं मानी और सोचा होगा, "मुझे नहीं पता कि वे ऐसा क्यों नहीं करते हैं, जबकि ऐसा करना उनके लिए अच्छा है।" यदि आप अपनी सलाह के अर्थ के आधार पर तर्क जीतने की कोशिश कर रहे हैं, तो आप गलत कारणों का हवाला दे रहे हैं। लोग, अपना फैसला पहले जो सही लगता है उसी के आधार पर निर्णय लेते हैं। यदि आप पहले ही अपनी राय सही महसूस करा सकते हैं तो बाकी सब आसान है।

उन दो जटिल सिद्धांतों को समझना ही मैजिक वर्ड्स के इस सेट की नींव है और इसमें प्रश्न को एक भूमिका के साथ शुरू किया जाता है। इन शब्दों के साथ भविष्य का परिदृश्य दिखाकर, "आपको कैसा लगेगा यदि . .?" आप दूसरे व्यक्ति को उस पल तक समय यात्रा करने और उस बिंदु पर पहुंचकर उत्पन्न होने वाली भावनाओं की कल्पना करवा देते हैं। आपको ऐसे पलों को चुनना होगा जो सकारात्मक और नकारात्मक दोनों भावनाओं को ट्रिगर करते हैं, ये आपको बदलने लायक सच्चाई बनाने में आपकी मदद करेंगे। यह दूसरों को भी आपके विचारों को स्वीकार करने के लिए तैयार करेंगे कि उन्हें सफलता पाने या नुकसान से बचने में कैसे मदद मिलेगी। फिर आप जो भविष्य से सामना करने वाला काल्पनिक परिदृश्य बनाएंगे, वे खुद उसको इमेजिन कर सकेंगे।

उदाहरण...

कुछ उदाहरण इस प्रकार से हैं...

आपको कैसा लगेगा अगर इस निर्णय से आपकी तरक्की हो जाए तो?

आपको कैसा लगेगा अगर आपके प्रतियोगी आपसे आगे निकल जाए तो?

आपको कैसा लगेगा अगर आप इसे बिल्कुल पलट दें तो?

आपको कैसा लगेगा अगर आपने सब कुछ खो दिया तो?

मान लीजिए आप अगर अगले साल इस समय तक आपने कर्ज मुक्त हों जाए और अपने सपनों के घर में रह रहे हों और अपनी अगली छुट्टियों की योजना बना रहे हों तो आपको कैसा लगेगा? "आपको कैसा लगेगा....? "

इन शब्दों का उपयोग करके काल्पनिक भविष्य के परिदृश्य का निर्माण लोगों को उनके भविष्य के बारे में उत्साहित करता है और उन्हें अच्छी ख़बरों की ओर बढ़ने या बुरी ख़बरों से दूर जाने का कारण देता है। याद रखें, विरोधाभास जितना अधिक होगा, उतनी ही अधिक संभावनाएँ होगी कि आप उस व्यक्ति को आगे बढ़ा सकेंगे।

5 जरा कल्पना करें

क्या आप जानते हैं कि ऐसा कोई भी इंसान, जो निर्णय लेने वाला है, वह अपना निर्णय कम से कम दो बार लेता है? पहला निर्णय हकीकत में लेने से पहले आपके दिमाग में काल्पनिक रूप से लिया जाता है।

वास्तव में, किसी निर्णय को धरातल पर लाने के लिए आपको पहले कम से कम स्वयं इसे लागू करने की कल्पना करनी चाहिए। क्या आप कभी ऐसी स्थिति में रहे हैं, जब आपने किसी और को ये शब्द कहे हों या मुँह से ऐसे ही बड़बड़ा दिया हो कि "मैं ख़ुद को ऐसा करते हुए नहीं देख सका"?

यह एक शाब्दिक बात है। यदि आप स्वयं को कुछ करते हुए नहीं देख सकते तो आपके वही काम करने की संभावना न के बराबर है। लोग अपने दिमाग में देखी गई छवियों के आधार पर निर्णय लेते हैं, इसलिए यदि आप लोगों के दिमाग में तस्वीरें डाल सकते हैं तो आप उन छवियों के परिणामों का उपयोग उनके निर्णयों को प्रभावित करने के लिए कर सकते हैं।

कहानियाँ सुनाकर दूसरों के मन में एक तस्वीर बनाने का काम किया जाता है। जब हम बच्चे हुआ करते थे तो हमें उस जमाने की कई अच्छी कहानियाँ याद हैं जो इन शब्दों से शुरू होती थीं, "एक बार की बात है।" जब भी हमने उन शब्दों को सुना तो हमें पता चला कि अब कहानी की तरफ वापस लौटना है, उस पल का आनंद लेने और अपनी कल्पना को अपनाने का समय आ गया है, जबकि किसी ने इन शब्दों का इस्तेमाल करते हुए एक ऐसी दुनिया का चित्रण किया था, जिसमें हम कूद सकते थे। वयस्कों को उसी शक्तिशाली प्रस्तावना में संलिप्त करना वाकई कठिन होगा इसलिए आपको कुछ जादुई शब्दों की आवश्यकता है, जो उन्ही कहानियों के समान सुरम्य परिणाम देंगे। जब आप "जरा कल्पना करें" शब्द सुनते हैं तो आपका अवचेतन मस्तिष्क एक स्विच चालू करता है और इमेज व्यूअर प्रोग्राम को शुरू कर देता है और यह आपके द्वारा बनाए जा रहे परिदृश्य को चित्रित करने के अलावा कुछ नहीं कर सकता।

पिछले सेक्शन में आपने 'प्रेरणा से दूर' और 'प्रेरणा की ओर' के बारे में सीखा। आप उन्हीं सटीक नियमों को लागू कर सकते हैं कि आप अपने "बस कल्पना करें" परिदृश्यों को कैसे पूरा करते हैं ताकि लोगों को उन चीजों को करने में मदद मिल सके, जो आप उनसे चाहते हैं कि वो आपके लिए करें।

उदाहरण...

यहाँ कुछ उदाहरण दिए गए हैं, जैसे:

जरा कल्पना करें कि इसे अमल में लाने के बाद छह महीने के भीतर सब कुछ कैसा होगा।

ज़रा सोचिए कि अगर आप यह मौका चूक गए तो आपका बॉस क्या कहेगा।

ज़रा कल्पना कीजिए कि जब आपके बच्चे आपको यह उपलब्धि हासिल करते हुए देखते हैं, तो उनके चेहरे पर क्या भाव आ रहे होंगे।

ज़रा सोचिए कि इसका कितना असर हो सकता है।

आप पूरे मामले को अपने पक्ष में करने के लिए दूसरे व्यक्ति के रचनात्मक दिमाग से जुड़ी शक्ति का उपयोग, अनुनय और प्रेरणा में एक शक्तिशाली साधन हो सकता है। उन्हें अपने वांछित परिणामों की कल्पना करने की अनुमति देकर आप उनकी भावनाओं और आकांक्षाओं का लाभ उठा सकते हैं। इससे आप हमेशा अनुमान लगाने से बचेंगे और अपने द्वारा कही गई किसी भी चीज़ की तुलना में अधिक ज्वलंत वास्तविकता का निर्माण कर पाएंगे। अंततः उन लक्ष्यों को प्राप्त करने के लिए उन्हे कड़ी मेहनत करने दीजिए। कल्पना कीजिए कि आप टीम के किसी सदस्य या भावी व्यक्ति से कह रहे हैं, "ज़रा अपने बच्चों के चेहरे पर मुस्कुराहट की कल्पना करें जब आप उन्हें बतायेंगे कि आपने डिज़नीलैंड की यात्रा बुक की है," या " आप बस स्टेज पर कदम रखने और उस बड़ी प्रोत्साहन राशि को लेने की कल्पना करें" या फिर "आप एक बार अपनी ब्रांड-न्यू कार को ड्राइव करने की कल्पना करें।" जैसे ही आप ये कहेंगे, वे अपनी कल्पना में उसी चीज़ की तस्वीर देखेंगे जो आप दिखा रहे है। अब जब उन्होंने वह चीज देख ली है, तो संभावना है कि इसे हासिल करने में उनका विश्वास सातवें आसमान पर होगा। मेरा मतलब है कि यह दृष्टिकोण वास्तव में व्यक्तियों और व्यवसायों दोनों पर गहरा प्रभाव डाल सकता है। इसलिए आप बस उस अंतर से हुए लाभ की कल्पना करें, जो आपके और आपके व्यवसाय के लिए होने वाला है।

कहानियाँ सुनाकर दूसरों के मन में काल्पनिक तस्वीर बनाने का काम किया जाता है। जब आप "जरा कल्पना करें" सुनते हैं, तो मस्तिष्क वही परिदृश्य चित्रित करता है, जो आप बना रहे हैं।

6 सही समय कब होगा?

यह साधारण-सा वाक्यांश आपके प्रोडक्ट, सर्विस या आइडिया पर लोगों को गंभीरता से विचार करने के लिए प्रेरित करता है और इसी समय आपके सामने आने वाली सबसे बड़ी चुनौती पर काबू पाने में आपकी मदद भी करता है।

आपके आइडियाज को नहीं सुनने का एक सबसे बड़ा कारण यह है कि दूसरे आपसे कहते हैं कि उनके पास आपके आइडियाज पर विचार करने का समय नहीं है।

ऐसे वक्त में "सही समय कब होगा . . ?" इस प्रस्तावना का उपयोग करके आप दूसरे इंसान को अवचेतन रूप से यह मानने के लिए प्रेरित करते हैं कि अच्छा या सही समय आएगा और 'ना' कहना कोई विकल्प नहीं है। यह धारणा स्वीकार करती है कि एक समय आएगा जब आपका आइडिया निश्चित रूप से उनके शेड्यूल में फिट हो सकता है और यह सिर्फ उस खास समय और तारीख की पुष्टि करने का मामला है। यह इस प्रकार का सीधा सवाल है, जिससे लोग आपको कम से कम यह नहीं कह पाते हैं कि उन्हें टाइम नहीं मिला और परिणामस्वरूप, आप वास्तव में लोगों के लिए समय की कमी को आपत्ति के रूप में उपयोग करने की संभावना कम कर देते हैं, जो आपके सामने आने वाली सबसे बड़ी समस्याओ में से एक है।

उदाहरण...

उदाहरण के लिए आप इन वाक्यांशों का उपयोग कर सकते हैं ...

आपके लिए इस पर ठीक से विचार करने का सही **समय कब होगा**?

____

शुरुआत करने का बढ़िया **समय कब होगा**?

____

अगली बार बात करने के लिए अच्छा **समय कब होगा**?

____

इन सभी परिदृश्यों में, प्लीज आप यह सुनिश्चित कर लें कि जब आपको उत्तर मिले तो आप बातचीत का कंट्रोल अपने हाथों में रखने के लिए संपर्क करने के सटीक अगले बिंदु को शेड्यूल करने के लिए काम करें।

जब आप संबंधित बात को आगे बढ़ाने के लिए या तय समय पर दोबारा बात करने के लिए पहुँचते हैं तो उनसे यह न पूछें कि आपने उन्हें जो देखने या गौर करने के लिए कहा था, उसके बारे में उन्होंने क्या सोचा। इससे उनके लिए बुरी बातों पर बात करना या अपनी चिंताओं को आपके सामने लाना आसान हो जाता है। इसके बजाय, उस सवाल को इस तरह पूंछे कि "तो, आपको इसके बारे में क्या पसंद है?" और इस तरह उन्हें अच्छी बातों के कारण गिनाते हुए देखें।

भूमिका " सही समय कब होगा . . .?" दूसरे व्यक्ति को यह मानने के लिए प्रेरित करती है कि सही समय होगा और 'न' कहना कोई सही विकल्प नहीं है।

7

मुझे लगता है कि आप वहाँ तक पहुँच नहीं पाए हैं

मैं कुछ शब्द साझा करूँगा, जिनका उपयोग आप उन परिदृश्यों में कर सकते हैं, जिनमें आप दूसरे व्यक्ति से संपर्क करने से डरते हैं, क्योंकि आप सोचते हैं कि उन्होंने वह काम नहीं किया है, जो आप उनसे कराना चाहते हैं।

क्या आपको वह समय पता हैं जब आपने उन्हे कुछ विवरण भेजे थे या उन्होंने कहा था कि उन्हें किसी और से परामर्श करना पड़ेगा और अब आपको अगला कदम उठाने के लिए उनसे संपर्क करने की जरूरत है?

जब आपको यह डर परेशान करें कि किसी ने कोई काम नहीं किया है तो उनसे यह पूछने के बजाय कि यह कैसे हुआ, आप बातचीत को थोड़ा अलग तरीके से शुरू कर सकते हैं।

दूसरे व्यक्ति को अपनी लाज बचाने का मौका देकर बातचीत शुरू करें, लेकिन साथ ही उन्हें ऐसे किसी भी बहाने का उपयोग न करने दें, जिससे आपको लगता हैं कि वे बचाव की मुद्रा में आ सकते हैं। इससे उनके पास बातचीत को मुददे से भटकाने के लिए कोई जगह नहीं बचती, उन्हे उसी मुद्दे पर आना पड़ता है, जहाँ आप उन्हें ले जाना चाहते हैं। वे बहाने का उपयोग नहीं कर सकते इसका कारण यह है कि आप बातचीत को इस तरह से शुरू करने के लिए भरपूर साहसी हैं, जिससे उन्हें अभी तक ऐसा करने का अवसर नहीं मिला कि वे उसी बहाने का उपयोग कर सके जो उन्होंने तैयार किया था, क्योंकि आपके सवाल की प्रस्तावना ही इस तरह है, "मुझे लगता है कि आप अभी तक वहाँ नहीं पहुँच पाए हैं ..."

कल्पना कीजिए कि आप किसी ऐसे व्यक्ति को फोन कॉल कर रहे हैं, जिसने कहा कि निर्णय लेने से पहले उसे अपने पार्टनर से परामर्श करना पड़ेगा। यदि आप यह पूछने से शुरुआत करें कि, "मुझे लगता है कि आप अभी तक अपने पार्टनर से बात नहीं कर पाए हैं?"

अब उनके लिए उस बहाने का उपयोग करना असंभव हो जाएगा। वे दो तरीकों में से एक में प्रतिक्रिया देते हैं या तो उन्हें गर्व महसूस होता है कि उन्होंने जो वादा किया था, उसे पूरा किया है या वे शर्मिंदा हैं कि उन्होंने ऐसा नहीं किया है और उस फैक्ट को सही करने के लिए एक नया वादा करेंगे।

उदाहरण...

अन्य उदाहरण हो सकते हैं ...

मैं अनुमान लगा रहा हूँ कि आपने अभी तक डॉक्यूमेंट्स पर गौर नहीं किया है?

____

मैं अनुमान लगा रहा हूँ कि आपने अभी तक कोई तारीख तय नहीं की है?

____

मैं अनुमान लगा रहा हूँ कि आप अभी तक कोई फैसला नहीं ले पाए हैं?

____

जब आप नेगेटिव परिदृश्य पर जोर देते हैं, तो लोगों में पॉजिटिविटी की तरफ झुकाव बढ़ता हैं और फिर वे आपको बताते हैं कि वे उस चीज़ को कैसे ठीक करने वाले हैं, जिसके लिए उन्होंने कहा था कि वे ठीक कर देंगे।

जिन शब्दों से आप डरते हैं कि वे आपका काम बिगाड़ सकते हैं, तो उन शब्दों का उपयोग करके आप एक ऐसा परिदृश्य बना सकते हैं, जो उन्हें पूरी तरह से निहत्था कर देता है। जैसे अगर आप किसी से कहते हैं कि, "मुझे लगता है कि आप अभी तक इस पर कोई फैसला नहीं ले पाए हैं," और वे कहें कि, "नहीं, आप सही हैं। हम अभी भी इसके बारे में सोच ही रहे हैं," तो आप बातचीत शुरू कर सकते हैं। और अगर, इसके बजाय, वे कहें कि, "नहीं, हमने किया है, हमने फैसला कर लिया है," आप कह सकते हैं, "बहुत बढ़िया, तो हम कब शुरू करने के लिए तैयार हैं?"

इस तरह नकारात्मक परिदृश्य पर जोर देकर, आप उन्हें सकारात्मकता की ओर ले जाते हैं या वह आपको बताते हैं कि वे उस समस्या को कैसे ठीक करने जा रहे हैं, जो उन्होंने कहा था कि वे सही कर देंगे, क्योंकि आम तौर पर अधिकांश लोग अपने वादों के पक्के होते हैं और अपनी बात कायम रखना चाहते हैं, लेकिन जब वे अपनी बात पर खरे नहीं उतर पाते और किसी को निराश करते हैं तो उन्हें बहुत बुरा लगता है।

8 आसान सी अदला-बदली

एक आसान सी तकनीक का उपयोग करते हुए मैं इस छोटे से सेक्शन में आपको जादू के दो हिस्सों से अवगत करूँगा। इस तकनीक के पीछे का मनोविज्ञान, जिसमें एक खुले प्रश्न को एक बंद प्रश्न में बदलना शामिल है, जिसके परिणामस्वरूप आपको एक निश्चित परिणाम या उत्तर मिलता है।

यह बात सबसे पहले मेरे मन में उस बड़ी गलती को रोकने की कोशिश से आई, जो मैं देखता हूँ कि बहुत से लोग कुछ बेचने की प्रस्तुति के आखिर तक पहुँचते समय आमतौर पर करते हैं।

कई प्रस्तुतियों के बाद लोग इस सवाल पर पहुँचते हैं कि, "क्या आपके मन में कोई सवाल है?" यह पूछने से अवचेतन मन में यह सुझाव उत्पन्न होता है कि अब सामने वाले व्यक्ति को प्रश्न पूछने चाहिए और यदि वे ऐसा नहीं करता हैं, तो इससे उन्हें बड़ा अजीब और शायद थोड़ा मूर्खतापूर्ण भी महसूस होता है। यह बात उन्हें निर्णय लेने की बातचीत छोड़कर इसके बारे में सोचने के लिए प्रोत्साहित करता है।

शब्दों का एक साधारण-सा बदलाव सारी बात को आपके नियंत्रण में रखता है। "क्या आपके मन में कोई प्रश्न हैं?" इस वाक्यांश को बदल कर सुधार करते हुए कहें कि, "मेरे लिए आपके मन में क्या कोई प्रश्न हैं?"

इससे, जो बात आपके नियंत्रण से बाहर थी, उसे शब्दों में यह साधारण सा बदलाव कर पूरी तरह से आपके नियंत्रण में लाया जा सकता हैं। इस वाक्यांश "क्या आपके मन में कोई प्रश्न हैं?" को बदलकर इसमें सुधार करते हुए कहें कि, "क्या मेरे लिए आपके मन में कोई प्रश्न हैं?" जैसे ही आप कोई परिणाम मान लेते हैं, तो दूसरे व्यक्ति लिए सबसे आसान प्रतिक्रिया यह होती है कि उनके पास कोई प्रश्न नहीं है। इसका सचमुच मतलब क्या है? इसका मतलब यह है कि उन्होंने फैसला ले लिया है और आप इसके बारे में पूछने के लिए बिल्कुल सही स्थिति में हैं। शब्दों के इस बदलाव के परिणामस्वरूप आमतौर पर आपको वह प्रतिक्रिया मिलती है या वे खास प्रश्नोत्तर मिलते हैं, जिनके उत्तर उन्हें आपसे चाहिए।

आप किसी भी रस्ते पर हों, लेकिन निर्णय के बहुत करीब होंगे, किन्तु आप किसी भी भय से निर्णय लेने से बचते हैं और कहते हैं कि, "मुझे इसके बारे में सोचने के लिए कुछ समय चाहिए।"

वह जादू का पहला हिस्सा बड़ा सरल था, लेकिन मैंने इस सेक्शन में एक के बदले दो का वादा किया था और यह अगला बदलाव इतना आसान और इतना गहरा है कि यह मुँह से बोलकर, लिखकर या टैक्स्ट मैसेज द्वारा भी काम करता है, बल्कि देखा जाए तो...यह हर जगह काम करता है। इसका सबसे अच्छा उपयोग तब होता है, जब आप बड़ी सहजता से दूसरे व्यक्ति से कुछ अतिरिक्त जानकारी लेना चाहते हैं। ऐसे परिदृश्य पर विचार करें, जिसमें आप किसी से मिले हैं और बाद में उनसे बातचीत करना चाहेंगे। बहुत से लोग यह पूछने की गलती करते हैं कि, "क्या मुझे आपका फ़ोन नंबर मिल सकता है?" जब आप किसी से पूछते हैं, "क्या मैं आपका ...?" तो यह दूसरे व्यक्ति में अनुमति-आधारित प्रतिरोध पैदा करता है, जिससे आपको जिस काम को पूरा होने कि उम्मीद थी, वह पूरी होना थोडा कठिन हो जाता है, क्योंकि इसके लिए "हाँ" या "नहीं" इन दोनों शब्दों कि प्रतिक्रिया की आवश्यकता होती है और इसे आमतौर पर निजता के हनन के तौर पर देखा जा सकता है। इसलिए इसके बजाय, वैकल्पिक प्रश्न पूछें कि, "आपसे संपर्क करने के लिए सबसे सही नंबर कौन सा है?" इसका परिणाम यह होता है कि लोग आपके द्वारा मांगी गई जानकारी सहजता से आपको दे देते हैं।

जादुई शब्दों के ये दोनों सेट दर्शाते हैं कि कैसे कुछ शब्दों को बदलने से आपकी बातचीत से मिलने वाले परिणामों में बहुत बड़ा अंतर आ जाता है।

कुछ शब्दों को बदलने से आपकी बातचीत से मिलने वाले परिणामों में बहुत अंतर आ सकता है।

9 आपके पास तीन विकल्प हैं

लोगों को बातचीत के दौरान यदि किसी भी तरह की चालाकी महसूस हो तो यह बात उन्हे पसंद नहीं आती, वे ज्यादातर मामलों में अंतिम निर्णय स्वयं लेना चाहते हैं। जब किसी को निर्णय लेने में मदद की जरूरत होती है, तो इन शब्दों का उपयोग करने से उनके दृष्टिकोण को सीमित करने, उनकी पसंद को कम करने और उनके लिए चुनाव करना आसान बनाने में मदद मिल सकती है।

"जैसा कि मुझे लगता हैं कि आपके पास तीन विकल्प हैं," यह वाक्यांश निर्णय लेने की प्रक्रिया के माध्यम से दूसरे व्यक्ति की मदद करता हैं और ऐसा करने में आपको निष्पक्ष दिखाता हैं।

आप बस उनके सामने विकल्प प्रस्तुत कर रहे हैं, तो भी अब आपके पास उन्हें इस तरह प्रदर्शित करने का मौका है जो आपकी पसंद को प्राथमिकता देता है। संख्या तीन का उपयोग अधिकांश लोगों के लिए मनोवैज्ञानिक रूप से सुखद और प्रबंधनीय विकल्प होता है और अपनी पसंद को अंत के लिए सहेजकर आप उसके मूल्य पर जोर दे सकते हैं और विकल्पों को भी सामने रख सकते हैं, इससे आप अपनी प्राथमिकता वाले परिणाम को साफतौर पर पसंदीदा के रूप में खड़ा कर सकते हैं।

निश्चित रूप से, हम यह कई उदाहरणों के साथ आजमा सकते हैं। यह तकनीक विभिन्न स्थितियों में मूल्यवान हो सकती है और सचमुच, हम शायद आपके जीवन से संबंधित दर्जनों ऐसे उदाहरणों के बारे में सोच सकते हैं, लेकिन यहाँ आपकी सोच में मदद करने के लिए एक उदाहरण प्रस्तुत है।

उदाहरण के लिए ...

कल्पना कीजिए कि आप किसी ऐसे इंसान की तलाश कर रहे हैं जो आपके व्यवसाय या संगठन में शामिल हो जा,ये लेकिन वह इसे लेकर असमंजस में हैं तो आप एक ऐसे बयान या कथन से शुरुआत कर सकतें है, जो वास्तविक जीवन परिदृश्य के लिए एक काल्पनिक परिदृश्य तैयार करता हो। आपका वह कथन कुछ इस तरह से हो सकता है कि-

"तो, आप अभी ऐसी नौकरी में हैं, जिसे आप पसंद नहीं करते जिस कारण आप इसका आनंद नहीं ले पा रहे हैं, नौकरी के घंटे ज्यादा हैं और इस वजह से आप अपने परिवार को भी समय नहीं दे पाते और उनसे दूर रह रहे है और इतने दबाव के बावजूद पैसा उस स्तर के आसपास भी नहीं है, जितना आप चाहते हैं। हमने आपको एक व्यावसायिक अवसर दिखाया है और यह आपको पसंद आ गया, फिर भी आप निश्चित नहीं हैं कि वास्तव में क्या करना है। "

“मेरे हिसाब से, आपके पास तीन विकल्प हैं। सबसे पहला, आप दूसरी नौकरी ढूँढ सकते हैं, अपने बायोडाटा पर काम कर सकते हैं, आवेदन भेज सकते हैं, साक्षात्कारों की प्रक्रिया से गुजरें और उस पूरी प्रक्रिया पर काम करें ताकि शायद कोई दूसरा नियोक्ता मिल जाए, जो अच्छे पैकेज की पेशकश कर रहा हो और शायद वैसे ही रिटर्न के लिए उसी तरह के काम की उम्मीद कर रहा हो। दूसरा विकल्प यह है कि आप बिल्कुल कुछ नहीं कर सकते, आप अभी जहाँ हैं वहीं रहें और स्वीकार कर लें कि आपकी वर्तमान परिस्थितियाँ जितनी अच्छी होनी चाहिए, उतनी अच्छी हैं और इस अवसर को बस जाने दें। या तीसरा, आप इसे आज़मा सकते हैं। जो आप अभी कर रहे हैं उसके साथ ही यह काम भी करें और देखें कि आप कितनी दूर तक जाते हैं।

"उन तीन विकल्पों में से आपके लिए क्या आसान होगा?" बात को इन जादुई शब्दों के एक और सेट के साथ समाप्त करने का मतलब है कि उन्हें उन विकल्पों में से एक को चुनना होगा।"

आपके लिए क्या आसान होगा?" सारे विकल्पों को प्रस्तुत करके और फिर इस तरह से प्रश्न तैयार करके, आप यह स्पष्ट करते हैं कि मेहनत से नई नौकरी ढूँढने का विकल्प और जो नौकरी कर रहे है, वहीं बने रहना सबसे सुविधाजनक विकल्प नहीं हैं। तो यह तकनीक लोगों को स्वाभाविक रूप से तीसरे विकल्प की ओर झुकाव के लिए प्रोत्साहित करती है, इसलिए उनके पास एकमात्र जो विकल्प बचा है वह सबसे आसान विकल्प है- जो आप चाहते हैं कि वे उसे चुनें; जिसे आपने आखिर मे चुनने के लिए छोड़ दिया और अब उसे अपने पक्ष में कर लिया, क्योंकि आपने उसे कम से कम प्रतिरोध का रास्ता बना लिया हैं। तो, "आपके पास तीन विकल्प हैं" जिनमें से "आपके लिए क्या आसान होगा?" से अपनी बात ख़त्म करें। और लोगों को सहजता से उस विकल्प को चुनते हुए देखें, जिसे पहले चुनना उनके लिए बहुत मुश्किल हो रहा था। यह लोगों को आपकी पसंद की ओर मार्गदर्शित करने का एक बढ़िया तरीका है, साथ ही उन्हें यह महसूस भी कराता है कि उन्होंने यह निर्णय खुद लिया है।

10 दो प्रकार के लोग

उद्यमियों, सेल्स प्रोफेशनल और बिज़नेस मालिकों के रूप में, हमें अक्सर लोगों को अपना निर्णय लेने में मदद करने की जिम्मेदारी सौंपी जाती है।

मेरे हिसाब से, सभी सेल्स प्रोफेशनल्स का प्राथमिक कार्य विवरण अपने ग्राहकों के जीवन और आगे की संभावनाओं में "निर्णय उत्प्रेरक" बनना है, फिर भी नौकरी को बड़ी सरलता से "प्रोफेशनल-मांइड-मेकर-अपर" के रूप में वर्णित किया जा सकता है।

ऐसे बहुत से लोग हैं, जो किसी चीज़ में लोगों की रुचि जगाने के लिए बहुत अच्छा काम करते हैं, फिर भी यह लोगों को निर्णय लेने में मदद करने का अंतिम क्षण होता है। इसी से उस कार्रवाई का निर्माण होता है जो परिणाम लाती है, लेकिन यह हिस्सा इतना आसान नहीं होता।

कुछ विकल्प हटाकर और आसान विकल्प बनाकर सामने वाले के सामने पेश करने से उनको अपना चुनाव करने में मदद मिलती हैं। जब विकल्पों का ध्रुवीकरण हो तो निर्णय आसान हो जाते हैं। रेड या व्हाइट वाइन, समुद्र तट या स्की वैकेशन, रोम-कॉम मूवीज या एक्शन - ऐसे आसान विकल्प सरल निर्णय बनाने में मददगार साबित होते हैं। आपका लक्ष्य एक ऐसा कथन तैयार करना है, जो विकल्प पेश करे और फिर दूसरे व्यक्ति को चयन करने में मदद करे।

जादुई शब्द "दो प्रकार के लोगों" को साथ जोड़कर लोगों को खुद निर्णय लेने के लिए कहना कि वे इन 'दो प्रकार' में से कौनसे प्रकार में स्वयं को रखेंगे, यह लगभग तुरंत निर्णय का संकेत देता है। जैसे ही कोई

सुनता है कि, "इस दुनिया में दो तरह के लोग हैं," उनके दिमाग में तुरंत मंद-सी आवाज आती है कि वे कौन सी तरह के हैं और वे विकल्पों को सुनने के लिए सांस रोककर इंतजार करते हैं।

उदाहरण...

अब आपकी भूमिका उन्हें दो विकल्प प्रदान करना और उनमें से एक को आसान विकल्प के रूप में सामने लाना है। यहाँ कुछ उदाहरण दिए गए हैं जैसे:

इस दुनिया में दो प्रकार के लोग हैं, एक वे जो अपनी निजी वित्तीय सफलता को अपने एम्पलॉयर्स के हाथों में छोड़ देते हैं और दूसरे वे जो पूरी जिम्मेदारी लेते हैं और अपना भविष्य खुद बनाते हैं।

इस दुनिया में दो प्रकार के लोग है- एक वे जो किसी चीज़ को आज़माने से पहले ही उसका मूल्यांकन कर लेते हैं और दूसरे वे जो किसी चीज़ को आज़माने के लिए तैयार रहते हैं और अपने अनुभव के आधार पर अपनी राय बनाते हैं।

इस दुनिया में दो तरह के लोग हैं- एक जो पुरानी यादों के पक्ष में रहते हैं और नये बदलाव का विरोध करते हैं और दूसरे जो समय के साथ चलते हैं और एक बेहतर भविष्य का निर्माण करते हैं।

आपको उदाहरणों का पैटर्न देखने और यह समझने में सक्षम होना चाहिए कि आप जिस निर्णय को चुनना चाहते हैं उसके पक्ष में विकल्प स्पष्ट रूप से कैसे रखे गए हैं।

एक पाठक के रूप में भी आपके लिए सोचने वाली बात यह है कि इस दुनिया में दो तरह के लोग हैं- एक वे जो इस तरह की किताबें पढ़ते हैं और कुछ नहीं करते हैं और दूसरे वे जो कोई भी किताब पढ़े उसे अभ्यास में लाते हैं और तुरंत परिणाम का आनंद उठाते हैं।

11 मैं यकीन से कहता हूँ कि आप काफी हद तक मेरे जैसे हैं

जादुई शब्दों का यह सेट शायद मेरे पसंदीदा सेट्स में से एक है, क्योंकि यह किसी भी इंसान को, किसी भी बात पर सहमत होने में मदद कर सकता है। किसी अजनबी के साथ बातचीत में, किसी परिचित की तुलना में यह और भी अधिक शक्तिशाली साबित होता है।

जब आप किसी अजनबी से बात कर रहे हों, तो बातचीत आसानी से आगे बढ़नी चाहिए, जिसका मतलब यह होगा कि आपकी बातचीत आमतौर पर कम से कम प्रतिरोध के रास्ते पर चल रही है।

यदि आप किसी परिदृश्य से पहले इस प्रस्तावना या भूमिका का उपयोग करते हैं और यदि आप चाहते हैं कि लोग इसे सच मानें तो विश्वास करें कि वे आपके साथ तुरंत और आसानी से सहमत हों जाएंगे। जादुई शब्दों एस प्रकार हैं, "मुझे यकीन है कि आप कुछ हद तक मेरे जैसे हैं," के साथ अपनी बात पेश करते हैं, तो अक्सर परिणाम यह होता है कि दूसरा व्यक्ति आराम से आपकी बात से सहमत हो जाता है, बशर्ते कि आप सही हों।

यह ऐसा साधन है जो आपकी बाद की सिफ़ारिशों के निर्माण में उपयोग के लिए सबूत इकट्ठा करने में आपकी सहायता करेगा। मेरे अनुभव ने मुझे सिखाया है कि कई ग्राहक, संभावित ग्राहक और आमतौर पर लोग हमेशा पूरी तरह से ईमानदार नहीं होते। जब आप लोगों को उन बयानों से सहमत होने के लिए प्रोत्साहित करते हैं, जो आपके लक्ष्यों या उद्देश्यों का समर्थन करे तो उनके लिए बाद में असहमत होना या ऐसे बहाने बनाना बहुत चुनौतीपूर्ण हो जाता है, जो उनके द्वारा पहले स्वीकार की गई बातों से विपरीत हो। "मुझे यकीन है कि आप कुछ हद तक मेरे जैसे हैं" ऐसे वाक्यांशों का उपयोग करके आप लोगों को कुछ बिंदुओं पर आपसे सहमत कर सकते हैं, जिससे वे लोग उन

बिंदुओं को भविष्य में आपत्ति के रूप में या आपके विचारों या कार्यों का विरोध करने वाले कारणों के रूप में उपयोग करेंगे, इसकी संभावना कम हो जाती है। इन संभावित आपत्तियों को पहले से ही काबू करने और अपने तर्कों या सिफारिशों के लिए एक मजबूत आधार बनाने का एक तरीका है।

उदाहरण...

कल्पना कीजिए कि आप इस बात से डरे हुए हैं कि कोई आपके आइडिया पर आपत्ति कर सकता है, क्योंकि उनके पास इस पर प्रतिबद्ध होने के लिए समय नहीं है तो बातचीत की शुरुआत में आप कुछ ऐसा कह सकते हैं...

मुझे विश्वास है कि आप काफी हद तक मेरे जैसे हैं, क्योंकि आप अभी कड़ी मेहनत कर रहे हैं, ताकि भविष्य में इसका लाभ उठा सके। यह कथन लंबी अवधि का प्रयास और पुरस्कार के विचार से मेल खाता है, जिससे किसी के लिए समय की प्रतिबद्धता के आधार पर आपत्ति करना कठिन हो जाता है।

मुझे विश्वास है कि आप भी काफी हद तक मेरे जैसे हैं, क्योंकि आपको शाम को बेकार बैठकर टीवी देखने से नफरत है और इसकी बजाय आप किसी फायदे वाली चीज़ पर काम करना पसंद करेंगे। यह कथन

उत्पादक गतिविधियों को प्राथमिकता देना दर्शाता है, जो समय की बर्बादी से जुड़ी आपत्तियों को दूर करने में मदद कर सकता है।

मुझे यकीन है कि आप काफी हद तक मेरे जैसे हैं, क्योंकि आप एक व्यस्त इंसान हैं, जो हमेशा हर काम को पूरा करने की कोशिश में जुटा रहता है।

दूसरे व्यक्ति से नजर मिलाते हुए शुरुआती बातचीत में इस तरह के कथन शामिल करें और बस उन्हें आपकी ओर हाँ में सिर हिलाते हुए देखें। जब वे ऐसा करें तो समझ लीजिए कि वे जानते हैं कि आप भी जान गये है कि वे आपकी बताई अवधारणाओं से सहमत है। फिर उनके (सामने वाले के) लिए आपको यह बताना बहुत मुश्किल हो जाएगा कि उसे वह करने का समय नहीं मिला है, जिस काम के लिए आपने दिखाया कि उसे करके वे अपनी मनचाही चीजें पा सकते हैं।

जादुई शब्द "मुझे विश्वास है कि आप कुछ हद तक मेरे जैसे हैं" के परिणाम स्वरूप अक्सर दूसरा व्यक्ति आराम से आपसे और आपकी बात से सहमत हो जाता है।

12 अगर... तो

हमारे बोलने के खास तरीके, सुनने के तरीके, बल्कि हमारी पूरी की पूरी विश्वास प्रणाली सभी हमारे बचपन के दौरान हमारे भीतर प्रोग्राम्ड होते हैं -

इतना कि बड़े होने तक हमें जो शब्द सुनने को मिले है, उन शब्दों के दोहराए जाने के तरीके हमारी आदतें बनाते हैं और वे हमारी विश्वास प्रणालियों के अंदर घर कर जाते हैं, जिन पर हम अपनी व्यक्तिगत निर्णय लेने की प्रक्रिया को सपोर्ट करने के लिए भरोसा करते हैं।

इसका एक उदाहरण बोलने का एक सरल पैटर्न है, जो आपकी युवावस्था में बहुत अधिक नजर आया करता था और इसके प्रभाव को अक्सर अनदेखा कर दिया गया। जब हम बच्चे थे तो बड़े हमसे कई बातें शर्तों के साथ किया कहते थे, जैसे ...

यदि तुमने रात का पूरा खाना नहीं खाया, तो तुम्हे मिठाई नहीं मिलेगी।

यदि तुमने स्कूल में मन लगाकर पढ़ाई नहीं की, तो तुम उस कॉलेज या नौकरी में नहीं जा पाओगे, जिसकी तुम उम्मीद कर रहे हो।

यदि तुम अपने कमरे को साफ-सुथरा नहीं रखा, तो तुम्हारा वीकेंड पर बाहर जाना बंद कर दिया जाएगा।

उदाहरण...

जब आपसे बड़ों ने आपके साथ इस तरह के शर्तों वाले वाक्यों में बात की, तो संभावना है कि आपने उन पर पूरा विश्वास किया होगा। ऐसे कहे गए वाक्य हमारे विश्वासों और कामों पर अपना पूरा नियंत्रण रखते हैं।

परिणामस्वरूप, प्रस्तावना में "यदि" का उपयोग करके एक परिदृश्य बनाना और उसी प्रस्तावना में "तो" के साथ दूसरा परिदृश्य जोड़ने का मतलब है कि लोगों की उस प्रस्तावना के परिदृश्य के परिणाम पर विश्वास करने की अत्यधिक संभावना होगी।

यदि आप इसे आज़माने का निर्णय लेते हैं तो मैं वादा करता हूँ कि आप निराश नहीं होंगे।

यदि आप इसे अपने स्टोर में रखेंगे तो मुझे यकीन है कि आपके ग्राहक इसे पसंद करेंगे।

यदि आप मुझे एस तरह मौका देते हैं तो मुझे विश्वास है कि आप बाद में मुझे धन्यवाद देंगे।

वास्तव में, "अगर...तो" को सैंडविच बनाकर यानि "अगर" और "तो" के बीच अपनी बात रखकर वाक्य तैयार किया जाए तो यह गारंटीशुदा परिणाम प्राप्त करने की एक प्रेरक तकनीक हो सकती है। जिस पर विश्वास न करना बहुत मुश्किल है। यदि आप इसे आज़माने के लिए तैयार हैं तो मुझे यकीन है कि आप इसे आज़माने के पहले दिन ही स्पष्ट परिणाम देखेंगे।

13 चिंता न करें

सरल शब्दों के इस अगले सेट के बारे में मुझे जो बात सबसे अच्छी लगती है- वह इसकी शक्ति है, जो घबराए हुए, आशंकित या चिंता के लक्षण प्रकट कर रहे लोगों को शांत करती है।

आप जानते हैं कि आप किसी भी इंसान में चिंता के लक्षण कब देखते हैं या महसूस सकते हैं? जब वे इस बात को लेकर अनिश्चित होते हैं कि आगे क्या करना है। ऐसी स्थिति में ये तीन जादुई शब्द तुरंत राहत देते हैं और आप आमतौर पर सुनने वाले में बदलाव देख सकते हैं।

जैसे ही आप ये शब्द कहते हैं कि, "चिंता मत करो," वैसे ही सुनने वाला इंसान धीरे-धीरे शांत होने लगता हैं और तनाव उनमें से बाहर निकल जाता है। केवल ये तीन शब्द, अगर आत्मविश्वास और शांति से कहे जाए तो यह एक ऐसा परिणाम उत्पन्न करते हैं कि फिर "ओह!" के रूप में - एक छोटी सी आह निकलती है और यह तब निकलती है जब वे सब कुछ नियंत्रण में महसूस करना शुरू कर देते हैं।

यह वाक्यांश उच्च-तनाव वाले ऐसे परिदृश्यों में खास तौर पर उपयोगी है, जब किसी घबराये हुए व्यक्ति से सामना होता है या किसी को भी राहत देने के लिए इन शब्दों का प्रयोग किया जा सकता है। जिस पल सामने वाला अनिर्णय की स्थिति में हो, तो आप अपनी सहज मुद्रा बनाए रखें, तनावमुक्त रहें और उन्हें यह एहसास दिलाएं कि स्थिति उनके नियंत्रण में है और आप उन्हें अगले चरण में मदद कर सकते हैं। इसलिए, चुनौतीपूर्ण क्षणों में भावनात्मक समर्थन और मार्गदर्शन प्रदान करने का यह एक सरल प्रभावी तरीका है।

उदाहरण...

उदाहरणों में इन्हें भी शामिल कर सकते हैं...

चिंता न करें, आप इस समय घबराए हुए हैं।

चिंता न करें, मुझे पता है कि आप नहीं जानते कि अभी क्या करना है, लेकिन मैं इसी लिए यहाँ आया हूँ। मैं इस कोशिश में आपकी सहायता करने और रास्ते में आने वाली सभी बाधाओं को दूर करने के लिए यहाँ आपके पास ही हूँ।

चिंता न करें, मुझे भी बिल्कुल वैसा ही लगा था, जैसा आपको अभी लग रहा हैं और अब आप मुझे देख सकते हैं।

इसलिए, चिंता न करें यदि आप सोच रहे हैं कि आप इन सब नए शब्दों के विकल्पों को कैसे बनाए रख पाएंगे तो याद रखे कि ये सभी शब्द समय पर आपके दिमाग में आ जाएँगे और एक बातचीत से दूसरी बातचीत में थोड़ा बेहतर होने के बाद आप जल्द ही इसमें महारत हासिल कर लेंगे।

"चिंता न करें" उच्च-तनाव वाले परिदृश्यों में यह शब्द खास-तौर पर उपयोगी है, जब आपका किसी ऐसे व्यक्ति से सामना होता है, जो घबराया हुआ है - तो यह वाक्यांश लगभग सभी लोगों को राहत देता है।

14 ज्यादातर लोग

ये दो शब्द, जिनमें केवल दस अक्षर हैं (अंग्रेजी में- most people), ये मेरे बिज़नेस में मेरी बातचीत की सफलता के लिए अपनाई गई किसी भी दूसरी रणनीति की तुलना में शायद सबसे ज्यादा जिम्मेदार हैं।

अनिर्णय सबसे बड़ी चीज़ है, जो प्रगति के रास्ते में बाधा बनती है और ये शब्द(ज्यादातर लोगों) लोगों को तुरंत टाल-मटोल से बाहर निकालने में मदद कर सकते हैं।

लोगों के बारे में कुछ चीज़ें समझने लायक हैं और ये दो बड़ी चीज़ें हैं। पहली, लोग इस फैक्ट से बहुत आश्वस्त होते हैं कि उनके जैसे लोगों ने उनसे पहले एक फैसला लिया है, जो बिल्कुल ठीक रहा।

चलिए, इस परिदृश्य पर विचार करते हैं, हो सकता है कि ऐसा आपने खुद अनुभव किया हो। छुट्टियों के दौरान, आप एक चट्टान की चोटी पर बच्चों का एक ग्रुप देखते हैं, जो नीचे पानी में कूदने की कोशिश कर रहे हैं, लेकिन कोई भी पहले नहीं जाना चाहता। हालाँकि जैसे ही कोई एक बच्चा साहस करके आगे बढ़कर पानी में कूदता है और उसे कोई चोट नहीं लगती है, बल्कि उसके चेहरे पर एक बड़ी मुस्कान आ जाती है, तो अब हर कोई ऐसा सोचने लगता है कि यह अच्छा आइडिया है। सभी लोग, आप और मैं- हम सभी दूसरों के पीछे चलना पसंद करते हैं और 'संख्या में सुरक्षा' की मानसिकता पर गहराई से भरोसा करते हैं।

दूसरा, कभी-कभी लोगों को यह बताने की ज़रूरत होती है कि क्या करना है ,लेकिन उनकी इजाजत के बगैर यह असभ्य लग सकता है। मुझे पूरा विश्वास है कि कई बार आप किसी से यह कहना चाहते होंगे, "मुझे लगता है कि आपको यह करना चाहिए.....।"

यही दो कारक है जो जादुई शब्दों को " ज्यादातर लोगों" पर लागू करने की शक्ति पैदा करते हैं। आप एक ऐसे पल का सामना कर रहे हैं, जब आप किसी को कहना चाहते हैं कि, "देखो, मुझे लगता है कि तुम्हें यह करना चाहिए," लेकिन आप ऐसा नहीं कह सकते, क्योंकि यह एक तरह से अच्छा नहीं लगता, इसके बजाय आप बस यह कह सकते हैं कि "ज्यादातर लोग" इस स्थिति में ऐसा करेंगे" और फिर देखो कि सब कुछ कैसे बदल जाता है।

जब आप लोगों को बताते हैं कि ज्यादातर लोग क्या करेंगे, तो उनका अवचेतन मस्तिष्क कहता है, "अहा, मैं ज्यादातर लोगों में से हूँ, इसलिए यदि ज्यादातर लोग यही करेंगे, तो शायद मुझे भी यही करना चाहिए।"यही ठीक होगा।

जब आप लोगों को बताते हैं, कि किसी ख़ास स्थिति में ज्यादातर लोग क्या करेंगे, तो उनका मस्तिष्क कहता है, "मैं ज्यादातर लोगों में से हूँ, इसलिए मुझे भी यही करना चाहिए।"

उदाहरण...

इसके असंख्य उदाहरण हैं:

ज्यादातर लोग जो करते हैं, वह यह है कि आज यहाँ मेरे पास एक फॉर्म है, जिसे आप मेरे साथ पूरा करें और आपको एक वैलकम पैक मिल जाएगा जिसमें हम आपको लॉन्च इवेंट के लिए बुक कर देंगे मतलब यहाँ एक सामान्य या विशिष्ट कार्रवाई का सुझाव दिया रहा है जो कई लोग एक निश्चित स्थिति में अपनाते हैं।

ज्यादातर लोग शुरुआत करने के लिए एक छोटा सा ऑर्डर देते हैं, कुछ सर्वोत्तम उत्पादों के लिए प्रतिबद्ध होते हैं, फिर देखते हैं कि वे अपनी दैनिक दिनचर्या में कैसे काम करते हैं और फिर तय करते हैं कि वे आगे क्या करना चाहते हैं।

ज्यादातर लोग आपकी परिस्थिति में इस अवसर को दोनों हाथों से कैच कर लेते हैं, क्योंकि उन्हे पता होता है कि इसमें कोई जोखिम नहीं है।

इनमें से प्रत्येक बिंदु पर बहस करने की कोशिश करें और देखें कि आपके दृष्टिकोण को मजबूत करने के लिए उनका कितना उपयोग किया जा सकता है। वास्तव में, लगभग सभी लोग अपनी रोज़मर्रा की बातचीत में "ज्यादातर लोग" शब्द का इस्तेमाल करते हैं और उनमें से अधिकांश लोग तत्काल सकारात्मक प्रभाव देख सकते हैं।

लगभग सभी लोग अपनी रोज़मर्रा की बातचीत में "ज्यादातर लोग" शब्द का इस्तेमाल करते हैं **और उनमें से अधिकांश लोगों को तत्काल सकारात्मक परिणाम दिखाई भी देता है।**

15 अच्छी ख़बर

अब हमारे लिए इस बारे में बात करने का समय है कि आप उस सारी नकारात्मक ऊर्जा को कैसे दूर कर सकते हैं - वह नकारात्मक ऊर्जा, जो दूसरे लोगों के द्वारा आपकी टीम में आती है या शायद आपकी जिंदगी में ही मौजूद अन्य लोगों से आ जाती है।

ये शब्द (अच्छी ख़बर)आपको लेबलिंग नामक तकनीक का उपयोग करके नकारात्मकता को सकारात्मकता में बदलने का एक साधन प्रदान करती हैं।

जिस क्षण आप किसी चीज़ पर कोई लेबल लगाते हैं तो बातचीत में शामिल दूसरे व्यक्ति के लिए उस लेबल को हटाना लगभग असंभव हो जाता है।

यह इस नए लेबल की स्वीकृति है, जो कम से कम प्रयास के साथ बातचीत की दिशा बदलने और इसे अधिक सकारात्मक परिणाम की ओर ले जाने की क्षमता पैदा करता है।

आपके चुने गए बिंदु की प्रस्तावना के रूप में जादुई शब्दों "अच्छी ख़बर या खुशख़बरी यह है... ।" का प्रयोग करना यह सुनिश्चित करता है कि सामने वाले को आपके द्वारा लगाए गए लेबल को स्वीकार करना होगा। यह आशावादी मोड़ आपके जीवन में नकारात्मकता का सामना करने में आपकी मदद कर सकता है, यह आपको दोष और बेचारगी की आत्म-विनाशकारी बातचीत में फंसने से रोकता है और आपको एक नई दिशा में निर्माण शुरू करने में मदद करता है।

यदि कोई उन शब्दों की क्षमता पर सवाल उठा रहा है, तो आप जवाब दे सकते हैं कि "देखिए, अच्छी ख़बर यह है कि हमारे पास दर्जनों लोग हैं जो ठीक इसी स्थिति में थे, जब उन्होंने शुरुआत की थी और वे सफल हुए हैं और हम आपका सपोर्ट करने के लिए भी यहाँ हैं।"

यदि वे इस बात को लेकर अनिश्चित हैं कि उनके पास बिज़नेस चलाने के लिए ज़रूरी स्किल हैं या नहीं, तो आप कह सकते हैं कि "अच्छी ख़बर यह है कि हमारे पास प्रशिक्षण है, जिसे आप अपने हिसाब से पूरा कर सकते हैं, ताकि आपको बिज़नेस को सफल बनाने के लिए सभी स्किल मिल सकें।"

क्या हो जब कोई व्यक्ति नये बदलाव का विरोध करे, लेकिन कहे कि वह अधिक सफलता चाहता है? आप कह सकते हैं, "अच्छी ख़बर यह है कि आप पहले से ही जानते हैं, कि आप अभी जो कर रहे हैं, उससे काम नहीं बन रहा है, तो इसे आज़माने में आपको कोई क्या हर्ज नहीं होनी चाहिए है?"

इस प्रकार "अच्छी ख़बर यह है . . , ।" इन शब्दों से चीजों की भूमिका बनाते हुए आप लोगों को आशावाद के साथ आगे आने और बातचीत से किसी भी नकारात्मक ऊर्जा को बाहर निकालने के लिए प्रेरित कर सकते हैं।

इस प्रकार “अच्छी ख़बर यह है ...,।" इससे चीजों की भूमिका बनाते हुए आप लोगों को आशावाद के साथ आगे आने और बातचीत से किसी भी नकारात्मक ऊर्जा को बाहर निकालने के लिए सरलता के साथ प्रेरित कर सकते हैं।

“अच्छी ख़बर यह है कि...।” से स्थितियों में और अधिक सकारात्मकता लाकर व " बहुत अच्छा " शब्दों के साथ उत्तर देते हुए, आप जल्द ही लोगों के विचारों में संतुलन लाना शुरू कर देते हैं।

आप इसी सिद्धांत का उपयोग दो और शब्दों के साथ तब कर सकते हैं, जब आपका सामना ऐसे लोगों से हो जाए जो बहाने बनाते हैं या तर्क देते हैं कि वे आगे बढ़ने के लिए तैयार क्यों नहीं हैं।

यदि कोई आपको कोई बहाना देता है, यानी वे आपसे अपेक्षा करते हैं कि आप पीछे हटें और उसी बिंदु पर ही बहस करें। अगली बार जब कोई आपको कोई कारण बताए या तर्क दे कि वे कुछ क्यों नहीं करना चाहते, तो यह कहकर जवाब दें, " बहुत अच्छा है।" जब कोई कहता है, "मैं इस वजह से ऐसा नहीं कर सका," तो कहें कि, " बहुत अच्छा है, आपने अब एक और तरीका ढूँढ लिया है जो काम नहीं करता है," और देखें कि वे आपको कैसे अलग तरीके से देखते हैं, क्योंकि आपने उनके सोचने का तरीका बदल दिया है। अब, उनमें से कुछ लोग सोच सकते हैं कि आप उन्हे पूरी तरह खो बैठे है, लेकिन अरे, आप शायद उन लोगों को अपने जीवन में नहीं चाहते थे।

“अच्छी ख़बर यह है....।” से शुरुआत करके और, " बहुत अच्छा है...", यह कहकर जवाब देते हुए स्थितियों में और अधिक सकारात्मकता लाकर, आप जल्द ही लोगों के विचारों में संतुलन लाना शुरू कर देते हैं और उन्हें बेहतर परिणाम और व्यवहार के लिए ख़ुद से सवाल करने में मदद करते हैं।

16 आगे क्या होता है

आइए, बिजनेस-संबंधी चर्चाओं के लिए कुछ संदर्भों को लागू करें।

आपने एक अवसर बनाया है और एक बेहद संभावनाशील इंसान को तलाश भी किया है, इससे बाहर आपने उन्हें यह दिखाया है कि आप उनकी कैसे मदद कर सकते हैं और अब आप उस बिंदु पर हैं, जहाँ उन्होंने सकारात्मक रूप से सिर हिलाते हुए आपकी हर बात पर मुस्कुराया हैं।

आप चाहते हैं कि वे प्रतिबद्ध हों, लेकिन संबंध आगे बढ़ाने और इतना ज्ञान देने के बाद भी बातचीत कहीं रुक जाती है और कोई भी पक्का निर्णय नहीं ले पाता है।

ऐसा बहुत बार होता है और यह इस बात के परिणामस्वरूप होता है कि लोग जबरदस्ती करने वाले, हावी होने या नियंत्रित करने वाले समझे जाने से बहुत डर जाते हैं। वे इतना डर जाते हैं कि जो काम शुरू करते हैं उसे पूरा करने में असफल हो जाते हैं। फिर, उन्हे यह बहुत आसान लगता है कि जो भी निर्णय लेना है, उसका फैसला दूसरे लोगों पर छोड़ दिया जाए और आशा की जाए कि वे सही चुनाव करेंगे, लेकिन याद रखिए, आपकी मदद के बिना अक्सर दूसरे लोग कोई निर्णय नहीं लेते और इस अनिर्णय की स्थिति की वजह से हर कोई हार सकता है।

इसलिए, इन परामर्शात्मक चर्चाओं में, बातचीत का नेतृत्व करना आपकी ज़िम्मेदारी है और आवश्यक जानकारी साझा करने के बाद आपकी भूमिका इसे समापन की ओर ले जाना है।

आपको उन्हें यह बताना है कि आगे क्या होता है। इसके लिए आपको कुछ जादुई शब्दों की जरूरत होगी और वह जादुई शब्द है "आगे क्या होता है..."। दरअसल, ग्राहकों को निर्णय लेने के लिए जो जानकारी चाहिए, उन सभी सूचनाओं को जोड़ने का एक सही तरीका यह है कि आपने उनके सामने सही जानकारी पेश की हो और उन्हें उस

संपूर्णता तक पहुंचाया हो, जिससे वे उसका अनुसरण करे। इससे आप जो करते हैं, उसका एक दृश्य बनता है। आपको उनसे यह नहीं पूछना कि वे क्या करना चाहेंगे; आप बस उन्हें बताएं कि आगे क्या होता है। जैसे-

"आगे ये होगा कि हम कुछ ही पलों में आपके कुछ व्यक्तिगत विवरण पूरे करेंगे और जितनी जल्दी संभव हो सके, हम उतने कम समय में आपके लिए सब कुछ तैयार कर देंगे।

"फिर हमें शुरुआत करने के लिए एक और मीटिंग का कार्यक्रम तय करना होगा और उस समय मैं हर कदम पर आपकी मदद करूँगा, जिससे आप अपने लक्ष्यों की प्राप्ति सुनिश्चित महसूस करें और आप अपने लिए उपलब्ध हर सहायता से पूरी तरह अवगत हो सके। अब उनसे पूछें कि अपना विवरण दर्ज करने के संदर्भ में, आपका सबसे सही पता क्या है?"

बातचीत का नेतृत्व करना आपकी ज़िम्मेदारी है और आवश्यक जानकारी साझा करने के बाद आपकी भूमिका इसे समाप्ति की ओर ले जाना भी है।

प्रश्न का उत्तर देना जितना सरल होगा, आपका निर्णय लेना भी उतना ही आसान होगा।

इस प्रक्रिया को ऐसे प्रश्न के साथ खत्म करना, जिसका उत्तर देना आसान हो, यह तुरंत प्रतिक्रिया और सकारात्मक परिणाम प्राप्त करने की कुंजी है।

अभी जिस उदाहरण की चर्चा की गई है, उसमें आपको यह देखना चाहिए कि आखिर में जब आप उनसे वह आसान प्रश्न पूछते है और जैसे ही वे अपना पता देने के साथ उत्तर देते हैं, तो इसका मतलब है कि वे आपके ऑफर के साथ आगे बढ़ रहे हैं।

आप अपना परिदृश्य समाप्त करने के लिए आराम से किसी भी तरह का प्रश्न पूछ सकते हैं। प्रश्न का उत्तर देना जितना आसान होगा, आपका निर्णय ले पाना उतना ही आसान होगा। संक्षिप्त और रचनात्मक रूप से "आगे क्या होगा" कहकर बातचीत करने का मतलब यह होगा कि आप इस पहली मीटिंग में बातचीत को लंबा खिंचने से रोकने में सफल हो जाएँगे।

17 आप ऐसा क्यों कह रहे हैं?

असहमति रोजमर्रा की जिंदगी का एक आम हिस्सा हैं। हम अपने व्यक्तिगत और व्यावसायिक जीवन में दूसरों के निर्णय न ले पाने का सामना करते हैं और फिर अक्सर हमें दूसरे इंसान के विचार स्वीकार करने के लिए मजबूर भी होना पड़ता है।

ये बातचीत टकरावपूर्ण हो सकती है, इसलिए बहस से बचने के लिए अधिकांश लोग आसान जीवन को चुनने के साथ अपने लक्ष्य को छोड़ देने में खुश होते हैं।

किसी असहमति या बहानों पर काबू पाने के लिए, आपको पहले यह समझना होगा कि असहमति वास्तव में क्या है। इस बात की संभावना हमेशा बनी रहती है कि असहमति "नहीं, धन्यवाद" कहने का एक विकल्प है या निर्णय को किसी और दिन के लिए टालने का एक तरीका है। हालाँकि, यह हमेशा बातचीत की बागडोर में बदलाव का तरीका होता है और जैसे ही कोई असहमति उठाई जाती है, दूसरा व्यक्ति सत्ता हथिया लेता है और फिर आप उनकी बातों का जवाब देने के लिए बाध्य होते हैं।

समझौते की सफलता बातचीत पर नियंत्रण बनाए रखने से संबंधित है और हमेशा वह व्यक्ति नियंत्रण में रहने वाला व्यक्ति होता है, जो प्रश्न पूछता है। अपने सामने आने वाली प्रत्येक असहमति को एक प्रश्न से अधिक कुछ न मानकर, आप बदले में एक प्रश्न पूछकर तुरंत बातचीत पर नियंत्रण हासिल कर सकते हैं।

उदाहरण...

किसी बिज़नेस सेटिंग में, ये सामान्य असहमतियों में शामिल हैं।...

मुझे समय नहीं मिला।

____

यह ग़लत समय है।

____

मैं यहाँ खरीदारी करना चाहता हूँ।

____

अभी मुझे पैसे नहीं मिले हैं।

____

इस बारे में निर्णय लेने से पहले मुझे किसी और से बात करनी होगी।

____

ऐसी असहमति उठने पर आप जो सबसे बुरी चीज कर सकते हैं, वह है सामने उसी तरह के तर्क के साथ जवाब देना और ऐसी बातें कह देना जो, आपके प्रति उनकी वर्तमान राय को गलत ठहराती हों। इसके बजाय, आप इनमें से प्रत्येक सामान्य असहमति या बहाने के बारे में जिज्ञासु होकर और विपरीत दिशा में प्रश्न पूछकर उनसे प्रभावी ढंग से निपट सकते हैं।

समझौते की सफलता बातचीत पर नियंत्रण बनाए रखने से संबंधित है और जो व्यक्ति प्रश्न पूछता है हमेशा वह व्यक्ति नियंत्रण में रहने वाला होता है।

निःसंदेह, आप अपने सामने आने वाली प्रत्येक असहमति को चुनौती देने के लिए अद्वितीय और सटीक प्रश्न बना सकते हैं। वैकल्पिक रूप से, आप "आप ऐसा क्यों कह रहे हो?" जादुई शब्दों के इस सेट पर भरोसा कर सकते हैं, जिसने ऐसे ही लाखों परिदृश्यों में बराबर काम किया है।

उदाहरण...

यहाँ कुछ उदाहरण दिए गए हैं। जैसेः

ग्राहक कहता है कि, "इस बारे में निर्णय लेने से पहले मुझे किसी और से बात करनी होगी।" आप कहते हैं कि, "आपने ऐसा क्यों कहा हैं?"

ग्राहक कहता है, "दरअसल, मेरे पास अभी पूरे पैसे नहीं हैं।" आप कहते हैं, "आप ऐसा क्यों कह रहे हो हैं?"

ग्राहक का कहना है, "मैं वास्तव में निश्चित नहीं हूँ कि मैं अभी, जो कर रहा हूँ उसमें इसे एडजस्ट करने के लिए मेरे पास समय है क्या।" आप कहते हैं, "आप ऐसा क्यों कह रहे हैं?"

बात के नियंत्रण में यह बदलाव अब दूसरे व्यक्ति को उत्तर देने और अपने पीछे कही गई बातों में कमियों को भरने के लिए बाध्य करता है।

इससे आप पूर्वाग्रह बनाने या बहस करने से बचते हैं और यह आपको अगले आइडिया या कार्रवाई के सुझाव से पहले उनके दृष्टिकोण को बेहतर ढंग से समझने में मदद करता है।

आप उनसे (दूसरों से) जो करने के लिए कह रहे हैं, वह यह है की आप स्वयं को ठीक से समझाएं है। "आप ऐसा क्यों कहते हैं?" इन शब्दों का मतलब है कि अब उन्हें ज़िम्मेदारी लेनी होगी और समझाना होगा कि उनका वास्तव में क्या मतलब है। इसे ठीक से समझाने से आप एक ऐसी स्थिति में आ जाते हैं, जहाँ आप उन्हें उनके निर्णय लेने में मदद कर सकते हैं या वे ही कम से कम इस बात की बेहतर समझ रख सकते हैं कि वे इस समय ऐसा क्यों नहीं कर सकते।

18 इससे पहले कि आप अपना मन बना लें

किसी को "नहीं" से "हाँ" की ओर ले जाना लगभग असंभव है। इससे पहले कि आप किसी को पूरी तरह सहमत कर सकें, आपका पहला काम उन्हें "शायद" की स्थिति में ले जाना है।

जब आप खुद को ऐसी स्थिति में पाते हैं, जहाँ दूसरे व्यक्ति का झुकाव आपके आइडिया के चुनाव की ओर नहीं है, तो आप जादुई शब्दों के एक और सेट "इससे पहले कि आप अपना मन बना लें ... ।" के साथ अपनी अगली कार्रवाई की शुरुआत कर सकते हैं और उन्हें तुरंत अपनी दिशा में वापस ला सकते हैं।

उदाहरण...

यहाँ कुछ उदाहरण दिए गए हैं जिनके माध्यम से आप बातचीत में जान बनाए रखने के लिए इन शब्दों का उपयोग कैसे कर सकते हैं:

देखिए, इससे पहले कि आप अपना मन बना लें, आइए सुनिश्चित करें कि हमने सभी तथ्यों पर गौर कर लिया है।

इससे पहले कि आप अपना मन बना लें, क्यों न हम एक बार और विवरण पर गौर करें, ताकि आप जान सकें कि ऐसा क्या है, जिसे आप ना कह रहे हैं?

इससे पहले कि आप अपना मन बना लें, क्या यह ठीक नहीं होगा कि कुछ और लोगों से इस बारे में बात कर ली जाए ताकि इससे आपको और आपके परिवार को क्या फर्क पड़ सकता है पता लगाया जा सके?

ये सरल उदाहरण अक्सर लोगों को ना की स्थिति से बाहर निकाल सकते हैं और उन्हें एक अलग दृष्टिकोण देकर बातचीत जारी रखने में मदद कर सकते हैं। नजरिए में यह बदलाव आपको अपने विचार का समर्थन करने और उनके निर्णय पर अपना प्रभाव बढ़ाने के लिए वैकल्पिक जानकारी जुटाने में मदद करता है।

19 अगर मैं कर सकता हूँ, तो क्या आप करेंगे?

क्या आप कभी उन परिदृश्यों में से एक में रहे हैं, जिसमें आपका ग्राहक या कोई भावी ग्राहक यह कारण बताकर आपको पीछे धकेलता है कि वे, वह काम क्यों नहीं कर सकते जो काम आप उनसे कराना चाहते हैं?

शायद वे चाहते हैं कि आप अपनी मानक शर्तों में बदलाव करें या वे चाहेंगे कि आप बेहतर कीमत की पेशकश करें।

यही चीज़ हमारे व्यक्तिगत जीवन में भी दिखाई देती है, जब लोग इस बात का बहाना बनाते हैं कि वे कार्यक्रमों या समारोहों में क्यों नहीं आ पाते।

ये स्थितियाँ दूसरे व्यक्ति द्वारा बाहरी स्थिति पैदा करने से निर्मित होती हैं, जो आपके विचार के साथ उनके आगे बढ़ने की क्षमता को प्रभावित कर रही हैं। उन्होंने खुद को इस प्रक्रिया से अलग कर लिया है और जो चीज़ उनके नियंत्रण से बाहर है, उसकी ज़िम्मेदारी छोड़ दी है।

ऐसी परिस्थितियों में आपके पास इस शर्त को अलग करने और एक शक्तिशाली प्रश्न का उत्तर देकर बाधा को दूर करने की शक्ति है, जो उनके तर्क को समाप्त कर देती है। इस तरह प्रश्न संरचना का उपयोग करके इस तरह का वाक्यांश बनाया जा सकता है कि, "अगर मैं कर सकता हूँ, तो क्या आप करेंगे...?"

कल्पना करें कि आप चाहते हैं कि अगले शुक्रवार को आपके साथ आपका एक दोस्त रात को बाहर जाए। आपके दोस्त का कहना है कि वह आपके साथ नहीं आ सकता, क्योंकि कार की रिपेयरिंग चल रही है और बसें इतनी देर तक नहीं चलती हैं। आप इस चुनौती को इस सवाल से खत्म कर सकते हैं कि,

"अगर मैं तुम्हे लेने और घर छोड़ने जाऊँ, तो क्या तुम शाम सात बजे तक तैयार हो पाओगे?"

इसी सिद्धांत का उपयोग तब किया जा सकता है, जब कोई प्रतिस्पर्धी ऑफर के अनुसार आपकी कीमत कम करने के लिए आपकी तलाश कर रहा हो,

"अगर मैं आपके लिए वह कीमत आपकी कही कीमत के बराबर कर दूं, तो क्या आज मुझे ऑर्डर देकर आपको खुशी होगी?"

इन दोनों परिदृश्यों में, अभी भी दी गई शर्त को पूरा करना आपकी मजबूरी नहीं हैं, लेकिन आगे क्या होता है, इस पर आपका नियंत्रण है। आपको दूसरे व्यक्ति से अतिरिक्त कारण और ईमानदारी मिल सकती है, जो आपको आगे बढ़ने से रोकती है या शायद आप उनसे समझौता कर लेते हैं। अब आप उनकी शर्त पर, उन्ही की सहमति से, उनके ही सामने अपना सर्वश्रेष्ठ विकल्प पेश कर सकते हैं, तो आपको अपने वांछित परिणाम तक पहुँचने की कही अधिक संभावना होगी।

इन स्थितियों में आपके पास एक शक्तिशाली प्रश्न का उत्तर देकर बाधा को दूर करने की शक्ति है, जो दूसरे व्यक्ति के तर्क को समाप्त कर देती है।

20

बस

यह अगला शब्द पूरी तरह से उन परिदृश्यों से संबंधित है, जिनमें आप सर्विस की मात्रा या स्तर पर निर्णय लेने के लिए दूसरों की तलाश कर रहे हैं।

दूसरे लोग जितना कर सकते थे, यह सब उनके ऊपर तक पहुँचने को थोड़ा-बहुत आसान बनाने के बारे में है।

खुदरा बिक्री का उदाहरण लेते हुए हम समझ सकते हैं कि ऐसे अनगिनत अवसर होते हैं, जब ग्राहक इस बात पर विचार-विमर्श करते हैं कि उन्हें कुछ वस्तुओं को कितनी मात्रा में खरीदना चाहिए। आप भी शायद यह बता सकते हैं : उदाहरण के लिए, हो सकता है कि फलों की दुकान पर खड़े हो कर आपने खुद से सवाल किया हो कि आपको कितने सेब खरीदने चाहिए।

प्रत्येक स्थिति, जिसमें निर्णय लेने की प्रक्रिया में आप खुद को शामिल करते हैं, तो आपके पास दूसरों के कार्यों को प्रभावित करने की शक्ति आती है। उपभोक्ताओं को सही काम के माध्यम से नेतृत्व करना पसंद है और लोगों को खरीदने के लिए उनका मन बनाने में सहायता करना एक ऐसा कौशल है, जो आपको ऊँची से ऊँची जगह पहुँचने में मदद करेगा।

फलों की दुकान के परिदृश्य पर वापस लौटते हुए आइए कल्पना करें कि आप चार और आठ सेबों के बीच विचार-विमर्श कर रहे हैं। यदि आपको उस लेन-देन में सर्विस दी जा रही होती और आपसे सीधा सवाल पूछा गया होता, "क्या आपके लिए आठ सेब काफी होंगे?" तो आपकी त्वरित प्रतिक्रिया "हाँ" होंगे और निर्णय हो जाएगा।

बिज़नेस में आपका लक्ष्य यह हो सकता है कि लोग आपके उत्पादों के लिए बार-बार आपके पास वापस आएं। आपके उत्पादों का उपयोग करने की आदत बनाने के लिए ग्राहकों के लिए उनकी सही मात्रा सुनिश्चित करना, इसका एक प्रमुख घटक हो सकता है। मुझे यकीन है कि आपने ट्रैवल-साइज के टॉयलेटरीज़ को उपयोग करने का आनंद लिया है, लेकिन कभी भी खुद इन उत्पादों में निवेश नहीं किया होगा, फिर भी जब भी कभी आपने दो के बदले तीन का ऑफर खरीदा है, तो यह अक्सर आपकी पसंद का नया ब्रांड बन जाता है।

एक और उदाहरण जो आपके लेन-देन की फ्रीक्वेंसी से संबंधित है। एक बार सर्विस आधारित बिज़नेस जैसे हेयरड्रेसर या सफ़ाई करने वाली कंपनी पर विचार करें। अपने अगले अपॉइंटमेंट का समय निर्धारित करते समय, वे हर 4-6 सप्ताह में दोबारा मुलाकात की सिफारिश कर सकते हैं। यदि यह सच हुआ, तो आप इस वाक्यांश "क्या चार सप्ताह आपके लिए पर्याप्त होंगे?" का उपयोग करके और स्वाभाविक रूप से ग्राहक को सेवा की बढ़ी हुई फ्रिक्वेंसी के लिए मार्गदर्शित करके निर्णय को आसान बना सकते हैं।

प्रत्येक परिस्थिति, जिसमें आप खुद को निर्णय लेने की प्रक्रिया में शामिल करते हैं, आपके पास दूसरों के कार्यों को प्रभावित करने की शक्ति स्वतः आती है।

आपके व्यवसाय से जुड़ी सारी बातचीत में इस सिद्धांत का एकीकरण करने से आपके परिणामों पर भारी प्रभाव पड़ सकता है। जरा कल्पना करें कि यदि प्रत्येक लेन-देन में एक और इकाई शामिल हो।

शब्दों का यह प्रयोग सुनने वाले को सीधा प्रश्न का उत्तर देने के लिए प्रेरित करता है, जिस कारण उनके "हाँ" कहने के रास्ते में कम से कम प्रतिरोध रह जाता है।

जहाँ किसी व्यक्ति को दो प्रभावशाली विकल्पों में से एक को चुनना होता है वहाँ बड़ी कुशलता से आप लगभग हमेशा उन्हें बड़ा विकल्प चुनने के लिए कहेंगे।

मुझे यकीन है कि आप अपने व्यवसाय में ऐसे कई परिदृश्यों के बारे में सोच सकते हैं। इस बात को समझें कि यदि आप किसी को दो संख्याओं के बीच विकल्प देते हैं, तो आपको पचास-पचास प्रतिशत प्रतिक्रिया मिलने की संभावना है। फिर भी एक सीधा प्रश्न, जिसमें सिर्फ एक बड़ा विकल्प और जादुई शब्द "पर्याप्त या काफी" शामिल है, यह बाधाओं को आपकी दिशा से बहुत दूर ले जाता है। आपके व्यवसाय से जुड़ी सारी बातचीत में इस सिद्धांत को अपनाने से आपके परिणामों पर गहरा प्रभाव पड़ सकता है। जरा कल्पना करें कि यदि प्रत्येक लेन-देन में केवल एक और इकाई शामिल हो।

21 बस एक और बात

बिक्री प्रशिक्षण कार्यक्रमों में, "अपसेल यानी वृद्धि दर" के महत्व के बारे में बात करना आम बात है, जिसका मतलब लेन-देन के समय अपने उपभोक्ता को और अधिक खरीदने के लिए आमंत्रित करना है।

पिछले सेक्शन ने इसे पाने का एक सरल तरीका दिखाया, फिर भी एक प्रथा जो कम प्रचलित है वह है 'डाउनसेल'। यदि आप बातचीत में अपने प्राथमिक उद्देश्य को पूरा करने में सफल नहीं होते तो डाउनसेल में कम लक्ष्य प्राप्त करने पर काम करना शामिल होता है।

शायद आप किसी बड़े दीर्घकालिक एग्रीमेंट के लिए समझौते की तलाश में गए थे तो डाउनसेल पहला परीक्षण आदेश हो सकता है। या शायद आप चाहते थे कि कोई आपके व्यवसाय में पार्टनर बने, तो उसका एक ग्राहक के रूप में आपके उत्पादों को आज़माना डाउनसेल हो सकता है।

जादुई शब्दों का यह सेट आपको बातचीत से बाहर निकलते समय अवसर बनाने में मदद करता है। कुछ भी न छोड़ने के बजाय, आप आगे के प्रयास के लिए इन शब्दों का उपयोग करते हैं। इस तकनीक से पहली बार मेरा परिचय तब हुआ जब मैं बच्चा था और अपने दादा-दादी के घर टीवी पर क्राइम शो देखता था। इस शो ने मुझे सबसे महान जासूस कोलंबो से परिचित कराया, जो शब्दों के सटीक सेट के लिए प्रसिद्ध थे।

वह अपने संदिग्ध से पूछताछ करता था और सारी जानकारी इकट्ठा करके वहाँ से चला जाता।

जब संदिग्ध को यकीन हो जाता था कि वह चीज़ें लेकर निकल चुका हैं, तो कोलम्बो वापस संदिग्ध की ओर मुड़ता और अपनी उंगली ऊपर की ओर करके उनसे कहता था, "ओह, बस एक और चीज़।" यह वह क्षण होता था, जब संदिग्ध की सुरक्षा अब कम हो गई होती थी, फिर वह अपना अगला प्रश्न पूछ लेता और उसी समय वह अपनी महत्वपूर्ण जानकारी जुटा लेता था, जिसकी उसे जरूरत होती थी।

जादुई शब्दों "बस एक और बात" का उपयोग बातचीत को जीवंत रखता है और आपको कुछ भी नहीं छोड़ने से बचने में मदद कर सकने में पूरी तरह संभव है।

यह अध्याय हमारे जीवन में कई परिदृश्यों में तब्दील हो सकता है। यहाँ उनमें से सिर्फ एक का जिक्र है।

आप किसी से मिलकर उन्हें अपने विचारों से परिचित कराते हैं और उनकी प्रतिबद्धता हासिल करने का प्रयास करते हैं। वे आपको और आपके विचारों को पसंद तो करते हैं, लेकिन वे आपके साथ आने के लिए इतने निश्चित नहीं हैं और बैठक ख़त्म होने वाली है। आप उन्हें समय देने के लिए धन्यवाद देते हैं, अपना सामान पैक करते हैं और दरवाजे की ओर जाने लगते हैं। इस बिंदु पर आप कोलंबो जासूस की तरह एक क्षण बना सकते हैं और "बस एक और बात" शब्दों के साथ बातचीत में वापस आ सकते हैं, जब वे सोचते हैं कि वे कुछ भी न खरीदने से बच गए हैं तो आप एक आसान सा आइडिया सामने रख सकते हैं, कुछ ऐसा जो उनके लिए आज़माना वास्तव में आसान हो, इसलिए उन्हें पहले की तुलना में बहुत छोटे निर्णय के साथ अपनी बातचीत की दुनिया में वापस लाएँ।

जिन चीज़ों के उदाहरण आप कोलंबो के साथ जोड़ सकते हैं, उनमें शामिल हैं...

उदाहरण...

उनसे किसी उत्पाद का **सैंपल लेने के लिए कहना**।

उनसे एक छोटे ऑर्डर के लिए **प्रतिबद्ध होने के लिए कहना**।

उन्हें किसी कार्यक्रम में **आमंत्रित करना**।

उन्हें किसी ऐसे व्यक्ति से मिलवाए, जिनके बारे में आपको लगता है कि उनको मिलना चाहिए।

उनसे आपके लिए **कुछ करने के लिए कहना**।

उनसे **ऐसा प्रश्न पूछना**, जो आपके पहले प्रस्ताव में कमी पैदा करता हो।

इन क्षणों और जादुई शब्दों "बस एक और बात" का उपयोग बातचीत को जीवंत रखता है और आपको कुछ भी नहीं छोड़ने से बचने में मदद कर सकता है।

22

एक एहसान

जीवन और व्यवसाय में सफलता दूसरों के सपोर्ट के बिना शायद ही कभी प्राप्त होती हो। यदि आप कुछ ऐसे काम कर सकते हैं, जिनसे आपको अपने लक्ष्य हासिल करने में दूसरो की मदद मिल सकती है, तो आपकी अपने लक्ष्य तक पहुँचने की संभावना काफी बढ़ जाती है।

मुझे विश्वास है कि आपके सामने ऐसे कई परिदृश्य आए होंगे, जिनमें आप चाहते थे कि कोई और ऐसा कुछ करे, जो आपके जीवन को थोड़ा आसान बना दे, जो आपके लिए एक द्वार खोल दे या आपको आपकी इच्छित प्रगति के लिए जरूरी जानकारी प्रदान कर दे।

जैसे ही हम इस पुस्तक के अंत तक पहुँचेगे, तो शायद आप मुझ पर एक छोटा सा उपकार कर पायेंगे?

एक सेकंड के लिए सोचें कि जब मैं आपसे यह सीधा सवाल पूछ रहा हूँ तो आपको कैसा लग रहा हैं, "क्या आप मुझ पर एक छोटा सा उपकार कर सकते हैं?" मुझे पूरा विश्वास है कि उस पल, आपने सोचा था कि आप मेरी मदद करने के लिए तैयार हो सकते हैं।

यह जादुई शब्दों का एक सरल और शक्तिशाली सेट है, जिसका उपयोग आप किसी को कुछ भी करने के लिए सहमत करने के लिए कर सकते हैं, इससे पहले कि उन्हें पता चले कि वह काम क्या है। किसी एहसान के अनुरोध पर लगभग हमेशा सुनने वाले से सर्वसम्मत सहमति प्राप्त होती है और सबसे खराब प्रतिक्रिया अभी भी 'सशर्त हाँ' है, जो निर्भर करती है कि "काम क्या है।"

उन चीजों के बारे में सोचें, जो उस पक्ष की सहमति के बाद आप लोगों से करने के लिए कह सकते हैं या आप उनसे मांग सकते हैं। मुझे विश्वास है कि आप दर्जनों चीजों को अपनी इच्छाओं की सूची में जोड़ सकते हैं और वे लोग, जो उनमें आपकी मदद कर सकते हैं, इन सबको लेकर आपका दिमाग उलझन में है। इस पुस्तक में मैं यह बताना चाहता हूँ कि शब्दों के सशक्त बदलाव से कितना कुछ किया जा सकता है। हम रेफरल के विषय का उपयोग करके इन जादुई शब्दों के अनुप्रयोग का पता लगा सकते हैं।

अपने मौजूदा खुश ग्राहकों से एक नया ग्राहक और बढ़ाना व्यवसाय वृद्धि के लिए एक ठोस रणनीति है, फिर भी इसे अक्सर लागू नहीं किया जाता। मेरा मानना है कि तीन मुख्य कारण हैं, जिनके कारण लोग दूसरों से रेफरल के लिए पूछने में सफल नहीं होते :

1. वे आलसी होते हैं और उन्हें परेशान नहीं किया जा सकता।
2. वे नहीं जानते कि कब पूछना है।
3. वे नहीं जानते कि कैसे पूछा जाए।

आइए सबसे पहले विकल्पों पर विचार करें। यह ज्यादातर उन लोगों से संबंधित होगा, जो किताबें नहीं पढ़ते, ट्रेनिंग में भाग नहीं लेते या अपने व्यक्तिगत विकास को गंभीरता से नहीं लेते। यह स्पष्ट है कि यहाँ आपका वर्णन नहीं किया जा रहा, इसलिए मुझे लगता है कि हमें अन्य दो कारणों पर विचार करना चाहिए।

जब समय की बात आती है तो सचमुच ऐसे दर्जनों पल होते हैं, जब आपसे रेफरल मांगा गया हो सकता हैं। अगर आप "अच्छे समय" के सारे उदाहरणों पर विचार करने के लिए समय निकालें, तो उन सभी में एक बात कॉमन होगी - सामने वाला व्यक्ति खुश है। जब आप किसी के लिए कुछ करते हैं और लोग आपके द्वारा उनके लिए किए गए कामों से खुश होते हैं, तब कुछ ऐसे सहज शब्द होते हैं, जो लगभग हमेशा सामने आते हैं। जैसे- वे अपनी खुशी को "धन्यवाद" के शब्दों के साथ व्यक्त करते हैं। सुनने वाले के मन में ये शब्द सरलता से गर्व और आत्म-सम्मान की भावनाएँ जगा सकते हैं। इन भावनाओं के अलावा, आपके लिए सबसे सरल कारण को समझना भी महत्वपूर्ण है कि लोग आपको धन्यवाद क्यों कहते हैं।

अहसानमंद होने की अभिव्यक्ति किसी कर्ज की भावना से आती है। सीधे शब्दों में कहें तो, जब वे धन्यवाद कहते हैं तो ऐसा इसलिए होता है. क्योंकि उन्हें लगता है कि उन पर आपका कुछ बकाया है। किसी से मदद मांगने का सबसे अच्छा समय वह है, जब वे खुद को

आपका ऋणी महसूस करें। इसका मतलब यह है कि अगली बार जब आप अपने ग्राहक या संभावित ग्राहक से "धन्यवाद" शब्द सुनें, तो इस शब्द के कारण आप सामने वाले से और अधिक मांगने के संकेत के रूप में उपयोग करें।

अब जब आपके पास समय है, तो आइए देखें कि कैसे पूछना है।

अब, जो आपको अपना पहला प्रश्न पूछने के लिए इशारा प्रदान करता है, वह उनका कहा गया शब्द धन्यवाद है, इसके बाद आप सीधा प्रश्न पूछ सकते हैं "कि" क्या आप मुझ पर एक छोटा सा उपकार कर सकते हैं , क्या आप कर सकते हैं?" यह सीधा सा प्रश्न निश्चित रूप से स्वीकार्य प्रतिक्रिया प्राप्त करता है और आपको अपने बाकी अनुरोध को जारी रखने में तुरंत मदद करता है। फिर आप इस प्रस्तावना के साथ प्रश्न शुरू कर सकते हैं,

“तुम्हें पता नहीं चला. . .।”

(यह वाक्यांश एक चुनौती सामने रखता है, जिससे लोग आपको गलत साबित करना चाहते हैं।)

. . .सिर्फ एक इंसान . . .।”

(सिर्फ एक, यह ठीक है और एक साधारण प्रश्न लगता है और वे किसी के नाम के बारे में सोचने की अधिक संभावना देता हैं।)

. . .कोई है, जो बिल्कुल आपके जैसा है. . .।"

(इससे व्यक्ति विकल्पों को सीमित कर देता है और आपको अधिक सही संभावनाएं मिलती है, साथ ही मामूली सी प्रशंसा भी मिलती है।)

. . . से लाभ होगा. . . " और फिर उस खास लाभ या सकारात्मक अनुभव पर जोर दें, जिसके लिए उन्होंने आपको धन्यवाद दिया है।

इसके बाद. . . चुप रहें।

लोग धन्यवाद तब देते हैं, जब उन्हें लगता है कि उन पर आपका कुछ बकाया या कोई एहसान है। किसी से मदद मांगने का यह सबसे अच्छा समय होता है।

अगर उन्होंने कोई निर्णय लिया है, तो आपको यह जानना होगा कि आगे क्या किया जाना चाहिए। जब उन्होंने किसी के विषय में कुछ भी सोचा होगा तो वह आपको उनकी बॉडी लैंग्वेज में दिख जाएगा। तो, इस बिंदु पर कहें कि, "चिंता न करें। मुझे अभी बहुत विस्तार से नहीं जानना, लेकिन वह कौन था जिसके बारे में आप सोच रहे थे?"

इससे ऑटोमेटिकली दबाव कम हो जाता है और शब्द "लेकिन" उन्हें वाक्य के केवल अंतिम भाग को याद करने में मदद करता है। फिर पता लगाएँ कि जिस व्यक्ति के बारे में उन्होंने सोचा था, उससे अगली बार कब मिलने की संभावना है। पता चलने पर आप कह सकते हैं कि -

"आप मुझ पर एक और एहसान नहीं कर सकते, क्या आप कर सकते हैं? (मेरा मतलब है, उन्होंने पहली बार हाँ कहा था।) अगली बार जब आप स्टीव(यानी जिनके बारे में उन्होंने सोचा था) से मिलेंगे तो क्या आप उसके साथ यह बात थोड़ी सी साझा कर सकते हैं कि मेरे साथ बिज़नेस करने का अनुभव कैसा रहा है और अगर हो सके तो वह मुझसे फोन पर बात कर ले। देखिये क्या मैं उनकी उसी तरह मदद कर सकता हूँ, जिस तरह मैंने आपकी मदद की है?"

आपका संभावित ग्राहक लगभग निश्चित रूप से सहमत होगा।

"क्या यह ठीक रहेगा यदि मैं आपको यह जानने के लिए अगले सप्ताह कॉल करूँ कि स्टीव के साथ बातचीत कैसी रही?"

सबसे अधिक संभावना है कि वे फिर से सहमत होंगे। जब आपने कहा था तब आप कॉल करेंगे और पूछेंगे, "मुझे लगता है कि आप स्टीव से बात नहीं कर पाए?"

अपनी बात के पक्के व्यक्ति के रूप में या तो वे गर्व से कहेंगे कि उन्होंने स्टीव से बात की है या वे शर्मिंदा होंगे और आपको बताएंगे कि वह आपका काम पूरा करेंगे।

इसमें जादू या अजीब विडंबना यह है कि आप प्रक्रिया को धीमा कर देते हैं, लेकिन परिणाम को तेज कर देते हैं और उन लोगों के साथ बातचीत करते हैं, जो आपकी कॉल की उम्मीद करते हैं, आपसे सुनने के लिए उत्सुक हैं और आभारी हैं। यही लोग आपको भविष्य के योग्य ग्राहक प्रदान करते है, जिनके पास पहले से ही आपकी पेशकशों के साथ तीसरे पक्ष का अनुभव है, साथ ही संपर्क करने की अनुमति भी है। मैं आपसे सप्ताह के किसी भी दिन नाम और नंबर ले लूँगा।

अब समय आ गया है कि आप खुद पर एक एहसान करें और उन सभी चीजों पर ध्यान दें, जो आप दूसरों से पूछ सकते हैं, इससे पहले कि उन्हें पता चले कि वह चीज क्या है, उनकी प्रतिबद्धता हासिल कर लें।

23 केवल उत्सुकतावश

एक बात जो मुझे अक्सर बड़ी अज़ीब लगती है, वह लोगों का आइडियाज के बारे में यह कहना है कि "मुझे इसके बारे में सोचने के लिए बस कुछ समय चाहिए।" यह शब्द परेशान करते हैं।

मैं यह नहीं कह रहा हूँ कि लोगों को फैसला करने में जल्दबाजी करनी चाहिए। मेरा अनुभव मुझे सिर्फ इतना बताता है कि इस कथन का शायद ही कभी मतलब होता है कि वे अपने निर्णय की बहुत जांच परख करने के लिए जा रहे हैं। मेरे ख्याल से वे बस अपने निर्णय को किसी और दिन के लिए टाल रहे होते हैं।

आप खुद इस विषय पर कुछ सोच विचार करके देखिए कि आपने किसी पूछताछ का जवाब देने, संभावित ग्राहक से मिलने, उन्हें जानने और उनकी चुनौतियों को सुनने में समय बिताया है। फिर आप उन्हें सिफ़ारिशों या सुझावों का एक लम्बा-चौड़ा सेट प्रदान करते हैं कि आप उन्हें उनके उद्देश्यों को प्राप्त करने या उनकी चुनौतियों सुलझाने में कैसे मदद कर सकते हैं और बदले में वे यह अस्पष्ट प्रतिक्रिया देते हैं, जो किसी भी तरह बातचीत या डील को अंत तक पहुँचने में मदद नहीं करती। मुझे यह सही नहीं लगता है।

मेरा मानना है कि यदि आपने अपना हिस्सा सही ढंग से पेश किया है तो दूसरा व्यक्ति कम से कम अपने विचारों के संबंध में थोड़ी अधिक पारदर्शिता रखे।

यह उत्तर मिलने पर मैंने अक्सर खुद को चिल्लाते हुए पाया है कि, "वह क्या है, जिसके बारे में आप सोचना चाहते हैं?" मैं जानता था कि

अगर वे अपने विचार या समस्या मेरे सामने साझा करते हैं, तो शायद मैं मदद कर सकता हूँ। परेशानी यह थी कि मुझे पता था कि मैं उनको यह नहीं पूछ सकता, क्योंकि यह हमेशा असभ्य या अप्रिय ही लगेगा। इसलिए पूछने की बजाय, मैं ऐसी स्थिति में लोगों को ऐसी बातें कहते हुए सुनता हूँ कि, "ठीक है, आप पर कोई दबाव नहीं है। जब आप तैयार हों तो हम भी तैयार हैं।" और यह आशा करते हुए अवसर से दूर चले जाते हैं कि समय के साथ यह ठीक हो जाएगा।

तो, इस निराशा का मतलब यह है कि मुझे बिना असभ्य या अप्रिय लगे अपने सवाल लोगों से पूछने और वास्तविक उत्तर पाने का एक नया तरीका खोजना होगा। मैं उनकी प्रतिक्रिया से कोई गारंटी या प्रतिबद्धता नहीं चाहता, बल्कि चर्चा में ईमानदारी चाहता हूँ ताकि हम दोनों जान सकें कि वास्तविक बाधाएं क्या और कहाँ हैं। मैंने जो पाया वह यह था कि यदि मैं इन सीधे सवालों में से एक को जादुई शब्दों के एक निश्चित सेट के साथ पेश कर दूं तो मैं असभ्य और अप्रिय सवाल को विनम्र और मीठे शब्दों में बदल सकता हूँ।

फिर, अपने सीधे प्रश्न का कारण ढूँढ़कर और उसे सामने वाले से पूछने की अनुमति पाकर मैं तुरंत बातचीत का नियंत्रण अपने पास वापस ले लेता हूँ। ऐसा करने के लिए मैं जिन शब्दों का उपयोग करता हूँ वे हैं, "सिर्फ जिज्ञासा या उत्सुकतावश," और उनका उपयोग कई सीधे प्रश्नों के लिए एकदम सही प्रस्तावना के रूप में किया जा सकता है।

उदाहरण...

उदाहरणों में ये शामिल कर सकते हैं...

केवल उत्सुकतावश पूछ रहा हूँ, ऐसा क्या है जिसके बारे में सोचने के लिए आपको कुछ समय चाहिए?

सिर्फ उत्सुकतावश, इस बारे में निर्णय लेने के लिए आपको क्या करने की आवश्यकता है?

बस उत्सुकतावश ही पूछा है, ऐसा क्या है जो आपको अभी इस दिशा में आगे बढ़ने से रोक रहा है?

इनमें से प्रत्येक उदाहरण को काम में लेने के समय यह जरूरी है कि आप अपने प्रश्न के बाद चुप रहें। ख़ामोशी आपकी दोस्त बन जाती है, क्योंकि आपको उनके उत्तर के बारे में पहले से अनुमान नहीं लगाना चाहिए। अब वे जान चुके होते हैं कि उन्हें आपको सही उत्तर देने की जरूरत है।

एक प्रोफेशनल माइंड-मेकर बनने के लिए बड़े और साहसिक प्रश्न पूछना जरुरी हैं, यह वही काम है, जो आपको करने की आवश्यकता है।

सबसे महत्त्वपूर्ण बात यह है कि सामने वाले को निर्णय लेने के लिए समय दें। शायद इसमें केवल बारह सेकंड ही बीतते हैं। (जो तीन सप्ताह जैसे लगेंगे) फिर वे एक असली, ईमानदार उत्तर के साथ वापस आएंगे और इसके बाद आप उनके साथ पारदर्शिता के साथ काम कर सकते हैं। दूसरा विकल्प यह होगा कि अब समय देखने का कोई मतलब नहीं है। यह अच्छी ख़बर है। चुप रहें, हाथ पर हाथ धरे बैठे रहें, कुछ न करें। समय को बीत जाने दें। इस लम्बे विराम के दौरान वे कोई बहाना ढूँढ रहे होते हैं और अक्सर उन्हें एहसास होता है कि वास्तव में उनके पास कोई बहाना नहीं है। फिर वे कुछ इस तरह से जवाब देते हैं, “आपको पता हैं क्या, आप सही हैं। इसमें सोचने लायक कुछ भी नहीं है," या "ऐसा कुछ भी नहीं है जो होना जरूरी है," या "मुझे कोई रोक नहीं रहा है।" यह सच है कि आप उनसे वह सवाल पूछने के लिए तैयार थे, जो वे अभी तक खुद से पूछने के लिए तैयार नहीं थे, वह सवाल जो उन्हें निर्णय लेने का अधिकार देता है, आप दोनों जानते हैं कि पहली बार में यह उनके लिए सही था। सबकी तरह बनने से लेकर एक ऊंचे स्तर का प्रोफेशनल माइंड-मेकर बनने की ओर आगे बढ़ने के लिए आपको बड़े और साहस भरे सवाल पूछना होगा, यह वही काम है जिसे किये जाने की ज़रूरत है।

अंतिम विचार

इन सभी शब्दों पर विचार करने के बाद मुझे पूरा विश्वास है कि अब आप जानते हैं, कि सही समय पर सही शब्दों तक पहुँचने से बहुत बड़ा अंतर आ सकता है। एक और बात है, जो मैं आपके साथ साझा करना चाहता हूँ, कुछ ऐसी बात जो जरूरी नहीं हैं कि कोई जादुई शब्द हो।

अपना ज्ञान और बुद्धि दूसरों को देना एक ऐसी चीज़ है, जो आपकी सफलता के स्तर पर एक बड़ा और गहरा अंतर ला सकता है।

मैंने बहुत से लोगों के मुंह से यह चिंता करते सुना है कि जब उनके व्यवसाय और उद्योग के बारे में उत्पाद की बात आती है, तो उन्हे पकड़े जाने का डर होता है और हर सवाल के लिए शानदार जबाव की आवश्यकता होती है।

लगभग एक दशक पहले मेरी मुलाकात एक ऐसे शख्स से हुई थी जो, जितना मैं जानता हूँ, वह अब तक के सबसे सफल सेल्सपर्सन में से एक है। मैं उनसे सफलता के बारे में बातचीत कर रहा था। वह खास व्यक्ति, रोजर, उस वक्त उस कमरे में मौजूद थे, जब पहला टेक्स्ट मैसेज बनाया गया था और दूरसंचार उद्योग में उनका एक लंबा और शानदार करियर था। मुझे याद है कि मैंने उनसे टेलीफोन में एनालॉग से डिजिटल की ओर बढ़ते बदलाव के बारे में बात की थी और उन्होंने मुझे बताया था कि उन्हें अपने ग्राहकों से हमेशा यह सवाल सुनने को मिलता था कि यह नई तकनीक कैसे काम करती है।

इस सवाल की वजह से उन्हें तकनीकी अपडेट्स को समझाने और अपने गहरे ज्ञान से उन्हें चौकाने की आवश्यकता पड़ी और पीछे मुड़कर देखने वाले भावहीन चेहरों ने उनका स्वागत किया। कई बार आत्मज्ञान

के पलों में से एक पल ऐसा भी होता है, जो सब कुछ बदल देता है, ऐसे ही किसी पल में रोजर को एहसास हुआ कि वह सब कुछ गलत कर रहे थे। उन्होंने सोचा कि उसका दायित्व वास्तव में उन्हें यह बताना है कि यह चीज़ कैसे काम करती है और उन्हें तुरंत एहसास हुआ कि उसकी ज़िम्मेदारी उन्हें 'वह' उत्तर देने की नहीं थी, बल्कि सिर्फ उत्तर देने की थी, इसलिए उन्होंने प्रश्न के उत्तर देने का तरीका बदल दिया। तब से, जब ग्राहकों ने उनसे पूछा कि, " यह सब चीजें कैसे काम करती हैं?" तो उन्होंने इन शब्दों के साथ उत्तर दिया, "यह बहुत अच्छी तरह काम करता है।" और दस में से नौ बार उसके ग्राहक उस उत्तर से ख़ुश हुए।

सोचें कि यही चीज आपके लिए कैसे काम कर सकती है। जब कोई ग्राहक या संभावित ग्राहक पूछता है कि यह सब चीजें कैसे काम करती हैं तो जो आप उत्तर दे सकते हैं वह यह हैं कि, "बहुत बढ़िया" जब वे आपसे पूछें कि वे इससे किस प्रकार के परिणामों की उम्मीद कर सकते हैं, तो आप उत्तर दे सकते हैं, "अच्छे परिणाम" की। उत्तर ऐसा होना चाहिए जो देने से सरल हो, सहज हो, सकारात्मक और प्रगतिशील हो, जो दूसरो को किसी और दिशा में भटकने से बचाता है और फिर देखें कि कैसे यह लोगों को भ्रमित करने के बजाय सकारात्मक निर्णय लेने के लिए प्रेरित करता है और उन्हें सही तथ्यों के साथ आगे बढ़ने के लिए सशक्त बनाता है।

ऐसा उत्तर दें, जो सरल, सहज, सकारात्मक और प्रगतिशील हो और देखें कि यह कैसे लोगों को सकारात्मक निर्णय लेने के लिए प्रेरित करता है।

इस किताब में आपने जो कुछ भी सीखा है वह सरल है, इसे अमल में लाना आसान है और इससे भी बेहतर, ये तरीके सचमुच काम करते हैं।

इस किताब में आपने जो कुछ भी सीखा है, वह सरल है, इसे अमल में लाना आसान है और इससे भी बेहतर, ये तरीके वास्तव में काम करते हैं।

हालाँकि, ये तरीके हर समय और सभी लोगों पर काम नहीं करते हैं, लेकिन यह अधिकांश समय ज्यादातर लोगों के साथ ही काम करते हैं। इस बात की पूरी संभावना है कि आप अभी जो काम अभी कर रहे हैं , वह कुछ समय के लिए और कुछ लोगों के साथ कर रहा हों, इसलिए कृपया इन तरीकों को सिर्फ एक बार आज़मा कर मुझे यह न बताएं कि इन तरीकों ने काम नहीं किया। इन्हें तब तक बार-बार आज़माएं जब तक यह स्वाभाविक न हो जाए। इन्हें रोजमर्रा की भाषा में लाएँ और भाषा में छोटे-मोटे सुधारों और बारीक बदलावों के मिश्रित प्रभाव से यह जानने की क्षमता विकसित करें कि वास्तव में क्या कहना है और कुछ 'जादुई शब्दों' का इसमें शामिल करना प्रमुख घटक हो सकता है, जो आपकी महत्वाकांक्षा, समर्पण और गति को बढ़ाता है। जब इसे कुछ अतिरिक्त कौशलों के साथ जोड़ा जाता है, तो यह आपकी बातचीत को केवल बातचीत की संख्या गिनने से बदलकर उन बातचीत को वास्तव में सार्थक और प्रभावशाली बना सकता है।

मैं आपकी उस सफलता की कामना करता हूँ, जिसको पाने के लिए आप काम करने के लिए तैयार हैं। तो प्लीज, इस यात्रा का आनंद लें।

आभार

जब जीवन में इतने सारे महान लोग आए हों तो इस पुस्तक के लिए आभार लिखने का विचार मुझे भय से भर देता है, क्योंकि निःसंदेह मैं किसी शानदार इंसान को भूल जाऊँगा और इसमें कोई संदेह नहीं है कि ऐसे सैकड़ों योगदानकर्ता हैं, जिन्होंने हम दोनों में से किसी को भी पता चले बिना मुझे प्रभावित किया है। हालाँकि, मैं जानता हूँ कि यह किताब मुट्ठी भर जादुई लोगों के कारण ही बन पाई है।

वैसे, पहला धन्यवाद उन हजारों उपभोक्ताओं को दिया जाना चाहिए, जिन्होंने मुझे वर्षों तक चुनौतीपूर्ण समय दिया है, मुझे अपनी कला पर काम करने, इस पुस्तक को लिखने का अनुभव पाने के लिए और खुद को चुनौती देने के लिए मजबूर किया है। आप तब तक सरलता की शक्ति नहीं सीख सकते जब तक आप वास्तविकता की जटिलताओं को समझ नहीं लेते। लोग अक्सर इस बारे में बात करते हैं कि बिक्री करने वाले लोग (सेल्सपर्सन) कितने पेचीदा होते है, लेकिन मेरा अनुभव यह कहता है कि ग्राहक भी कोई कम पेचीदा नहीं होते!

एक और बड़ा धन्यवाद मेरे पहले गुरु, इंस्टिल के फाउंडर पीटर ली (www.instil.co.uk) को जाता है, हालांकि मैंने अपनी प्रत्येक पुस्तक में उन्हें धन्यवाद दिया है, फिर भी वह उस शुद्ध प्रेरणा का एहसास

करने में असफल रहे, जो उन्होंने मुझे प्रदान की थी। उन्होंने मुझे दिखाया कि सिर्फ एक प्रशिक्षण सत्र किसी के जीवन में कितना बदलाव ला सकता है।

मेरे पाठक विशेष उल्लेख के पात्र हैं जिनकी वर्षों से साझा की गई सैकड़ों टिप्पणियों ने मुझे इन शब्दों को दस्तावेजित करने और संग्रहित करने के लिए जैसे ईंधन दिया है, मुझे आशा है कि यह उन संकोची लोगों को अपनी बात रखने का साहस देगा, जो दृढ़ता से विजयी होने की कोशिश कर रहे हैं।

अब, मुझे बॉब बर्ग, स्कॉट स्ट्रैटन और पेशेवर वक्ताओं के समुदाय की शानदार प्रतिभाओं का उल्लेख करना है, जो अपने अनुभवो को खुलकर बताते हैं और मुझे याद दिलाते हैं कि मुझे अभी अपने पर और काम करना हैं!

यह पुस्तक शुरुआत के दो पेजों में दिए गए लोगों की विशेष टीम के सहयोग के साथ ही संभव हो पाई है। जब मैंने किताब खत्म न करने का लगभग फैसला कर लिया था, तो ट्रेना व्हाइट ने उस वक्त मुझे इसे पूरा करने के जो कारण बताए, इसके लिए मैं उनका धन्यवाद कहता हूँ और गैब्रिएल नार्स्टेड को सब कुछ ठीक-ठाक रखने और समय सीमा चूक जाने पर मुझे एक शरारती स्कूली छात्र जैसा महसूस कराने के लिए धन्यवाद दूँगा। सदाबहार जेनी गोवियर, जिनकी संपादन प्रतिभा की वजह से आप कभी नहीं जान पाएँगे कि मैं केवल "ब्रिटिश" लिख सकता हूँ और साफ तौर पर कभी कॉलेज नहीं गया।

लेखक के बारे मे

अपने बारे में लिखना सबसे बुरा है। मैं अपने बारे में डींगें हांके बिना अपना अनुभव कैसे साझा करूँ? वैसे भी, क्या आपको सचमुच इतनी परवाह है? क्या मैं इसे अपने दृष्टिकोण से लिखूँ या मुझे इसे तीसरे व्यक्ति के रूप में लिखना चाहिए और देखना चाहिए कि यह कैसा लगता है?

जब मैं यह लिख रहा हूँ, तो इन सभी प्रश्नों जूझ रहा हूँ। हाँ, मैंने एक चुनौतीपूर्ण और विविधता भरे कैरियर का आनंद लिया है और मैंने बुरी तरह असफल होकर और तेजी से सीख कर बहुत कुछ हासिल किया है। यह सच है कि मैं लगभग अपने सपनों का जीवन जीता हूँ, मैं वह कार चलाता हूँ, जिसका एक पोस्टर मेरे बचपन में मेरे बेडरूम की दीवार पर था और मेरे पास उन जगहों पर दो घर हैं, जिन्हें मैंने अपनी टीनएज में अपने सपनों के बोर्ड पर लगाया था। लोग मेरे बारे में और जो नतीजे मैंने उन्हें हासिल करने में मदद की है, उनके बारे में अच्छी बातें कहते हैं। हालाँकि, वास्तविकता यह है कि, मैं सिर्फ एक सामान्य इंसान हूँ, जो एक बिल्डर का बेटा है और जो इस पागल दुनिया में जिसमें हम रहते हैं, उसके लिए तर्क बनाने की पूरी कोशिश कर रहा है।

मेरा जुनून ही मेरा स्वास्थ्य है और लोगो को लगता है कि एक व्यक्ति दुनिया को बदल सकता है। मैं सेल्स के बारे में लोगों के सोचने के तरीके बदलने और उन्हें यह एहसास दिलाने में मदद करने के मिशन पर हूँ कि "बिक्री या सेल्स" कोई गंदा शब्द नहीं है। आप सभी लोकप्रिय सोशल चैनलों पर #teachingtheworldtosell के मेरे मिशन पर मेरे साथ जुड़ सकते हैं। मुझे #magicwords के साथ आपकी सफलताओं के बारे में जानना अच्छा लगेगा।

याद रखें कि एक-दूसरे के संपर्क में रहने से ही संपर्क बना हैं, इसलिए कृपया बातचीत जारी रखें।

इंस्टाग्राम पर इस आंदोलन में शामिल हों : @exactlywhattosay
लिंक्डइन पर 'एक्ज़ैक्टली व्हाट टू से' के पेज से जुड़ें:
www.linkedin.com/company/exactly-what-to-say-certified/
'एक्ज़ैक्टली व्हाट टू से' वेबसाइट देखें:
www.exactlywhattosay.com और इस आंदोलन के ब्लॉग व अन्य मज़ेदार चीजों से जुड़ें।

एक और बात....
'एक्ज़ैक्टली व्हाट टू से' की साप्ताहिक अपडेट जानने के लिए जुड़ें :
www.exactlywhattosay.com/updates

सीधी बात

मेरा मानना है कि यदि आप इस किताब में इतनी दूर तक पहुँच गए हैं तो आपने कम से कम इसका थोड़ा सा आनंद तो जरूर लिया होगा। आधुनिक किताबों का मूल्यांकन अब अमेज़न रिव्यूज की सार्वभौमिक मान्यता के आधार पर किया जाता है। मुझे पक्का नहीं पता कि आप ऐसा करते हैं या नहीं, लेकिन क्या आपके लिए यह ठीक होगा कि आप कुछ सेकंड निकालें और मेरी एक वक्ता मित्र के साथ शर्त जीतने में मेरी मदद करें, ताकि मुझे उसकी तुलना में ज्यादा रिव्यूज मिल सकें?

अब, जबकि मैं पूछ रहा हूँ तो मुझे लगता है कि आपको यह बताना सही होगा कि हम एक-दूसरे की मदद करने में कैसे सक्षम हो सकते हैं।

क्योंकि मैं इतना समझदार हूँ कि मेरे पास अपने सभी प्रकाशन अधिकार हैं, मैं और मेरी टीम इस पुस्तक के थोक ऑर्डर में सीधे आपकी मदद कर सकते हैं और आपकी किस्मत बचा सकते हैं। हम आपके ब्रांड के अनुरूप कवर भी बदल सकते हैं और आपके खास बिज़नेस के हिसाब से उदाहरण बदलने के लिए भी तैयार हो सकते हैं। मैं अपने ग्राहकों को कस्टमाइजेशन की सर्विस देता हूँ, और आपके लिए भी कुछ

ऐसा करने पर डिस्कस करने का मौका मिला तो मुझे अच्छा लगेगा। कृपया बोनी को स्पीकिंग@philmjones.com पर ईमेल करें और हम बात करने के लिए एक समय निर्धारित कर सकते हैं।

लेखक के बारे में

सटीक शब्दों का चयन कैसे करें : जो जादुई और प्रभावशाली भी हों

फिल एम. जोन्स लोगों के मध्य संवाद (बातचीत) कला के विशेषज्ञ हैं। वह प्रोफेशनल सेल्स ट्रेनर व मोटिवेशनल स्पीकर भी हैं। जिन्होंने दुनिया के पाँच महाद्वीपों और पचास से अधिक देशों में तकरीबन दो मिलियन (बीस लाख) से ज़्यादा लोगों को उनके द्वारा की जाने वाली प्रभावी बातचीत कौशल में प्रशिक्षित किया है।

'एक्ज़ैक्टली व्हाट टू से' के माध्यम से वह प्रभावी संचार—संवाद की ऐसी रणनीतियाँ प्रदान करते हैं, जो आपको अपने लक्ष्यों को प्राप्त करने और आप जो चाहते हैं उससे अधिक पाने में मदद कर सकती है। अक्सर जब कोई ग्राहक आप जैसे ही किसी और इंसान की जगह आपको चुनने का निर्णय लेता है तो उसके द्वारा यह निर्णय आपकी बातचीत के कौशल के आधार पर लिया जाता है, क्योंकि दूसरों के साथ बातचीत करते समय आप जानते हैं कि वास्तव में क्या कहना है, कब कहना है और इसे कैसे महत्त्व देना है?

फिल एम जोन्स के निर्णय लेने की प्रक्रिया और उसके रहस्य से

समझाते हैं। वह इसके लिए सटीक शब्दों के चयन के साथ कहने के कौशल के बारे में प्रशिक्षित करते हैं। वे कहते हैं, प्रत्येक व्यवसाय में प्रत्येक व्यक्ति के पास बेचने के लिए कुछ न कुछ है।

बस इसमें रचनात्मकता व सकारात्मक प्रभाव की आवश्यकता है।

फिल एम जोन्स सटीक शब्दों के चयन की रणनीति सिखाकर, दर्शक बिक्री की एक नई धारणा के साथ आगे बढ़ते हैं। वह बस 'एक्ज़ैक्टली व्हाट टू से'(वास्तव में क्या कहना है) जानने से बढ़े हुए आत्मविश्वास और नई सीख को क्रियान्वित करते हुए एक अतृप्त भूख की कल्पना करने पर जोर देते हैं।

LIST OF TITLES WITH ISBN NO.

ISBN	TITLE
9788194914129	1984
9789390575220	1984 & Animal Farm (2In1)
9789390575572	1984 & Animal Farm (2In1): The International Best-Selling Classics
9789390575848	35 Sonnets
9789390575329	A Clergyman's Daughter
9789390575923	A Study In Scarlet
9789390896097	A Tale Of Two Cities
9789390896837	Abide in Christ
9789390896202	Abraham Lincoln
9789390896912	Absolute Surrender
9789390896608	African American Classic Collection
9789390575305	Aldous Huxley: The Collected Works
9789390896141	An Autobiography of M. K. Gandhi
9789390575886	Animal Farm
9789390575619	Animal Farm & The Great Gatsby (2In1)
9789390575626	Animal Farm & We
9789390896158	Anna Karenina
9789390575534	Antic Hay
9789390896165	Antony & Cleopatra
9789390896172	As I Lay Dying
9789390896226	As You like it
9789390575671	At Your Command
9789390575350	Awakened Imagination
9789390575114	Be What You Wish
9789390896233	Believe In yourself
9789390896998	Best of Charles Darwin: The Origin of Species & Autobiography
9789390896684	Best Of Horror : Dracula And Frankenstein
9789390575503	Best Of Mark Twain (The Adventures of Tom Sawyer AND The Adventures of Huckleberry Finn)
9789390896769	Black History Collection

9789390575756	Brave New World, Animal Farm & 1984 (3in1)
9789390896240	Brother Karamzov
9789390575053	Bulleh Shah Poetry
9789390575725	Burmese Days
9789390896257	Bushido
9789390896066	Can't Hurt Me
9788194914112	Chanakya Neeti: With The Complete Sutras
9789390896042	Crime and Punishment
9789390575527	Crome Yellow
9789390575046	Down and Out in Paris and London
9789390896844	Dracula
9789390575442	Emersons Essays: The Complete First & Second Series (Self-Reliance & Other Essays)
9789390575749	Emma
9789390575817	Essential Tozer Collection - The Pursuit of God & The Purpose of Man
9789390896578	Fascism What It Is and How to Fight It
9789390575688	Feeling is the Secret
9789390575190	Five Lessons
9789390575954	Frankenstein
9789390575237	Franz Kafka: Collected Works
9789390575282	Franz Kafka: Short Stories
9789390575060	George Orwell Collected Works
9789390575077	George Orwell Essays
9789390575213	George Orwell Poems
9788194914150	Greatest Poetry Ever Written Vol 1
9788194914143	Greatest Poetry Ever Written Vol 1
9789390896301	Gulliver's Travel
9789390575961	Gunaho Ka Devta
9789390575893	H. P. Lovecraft Selected Stories Vol 1
9789390575978	H. P. Lovecraft Selected Stories Vol 2
9789390896059	Hamlet
9789390575022	His Last Bow: Some Reminiscences of Sherlock Holmes
9789390896134	History of Western Philosophy

9789390575121	Homage To Catalonia
9789390896219	How to develop self-confidence and Improve public Speaking
9789390896295	How to enjoy your life and your Job
9789390575633	How to own your own mind
9789390896318	How to read Human Nature
9789390896325	How to sell your way through the life
9789390896370	How to use the laws of mind
9789390896387	How to use the power of prayer
9789390896028	How to win friends & Influence People
9788194824176	How To Win Friends and Influence People
9789390896103	Humility The Beauty of Holiness
9789390896653	Imperialism the Highest Stage of Capitalism
9789390575084	In Our Time
9789390575169	In Our Time & Three Stories and Ten poems
9789390575145	James Allen: The Collected Works
9789390896189	Jesus Himself
9789390575480	Jo's Boys
9789390896394	Julius Caesar
9789390575404	Keep the Aspidistra Flying
9789390896400	Kidnapped
9789390896424	King Lear
9789390575824	Lady Susan
9789390896455	Law of Success
9789390896264	Lincoln The Unknown
9789390575565	Little Men
9789390575640	Little Women
9788194914174	Lost Horizon
9789390896462	Macbeth
9789390896929	Man Eaters of Kumaon
9789390896523	Man The Dwelling Place of God
9789390896349	Man The Dwelling Place of God
9789390575909	Mansfield Park
9788194914136	Manto Ki 25 Sarvshreshth Kahaniya

9789390896509	Marxism, Anarchism, Communism
9789390575664	Mathematical Principles of Natural Philosophy
9788194914198	Meditations
9789390575800	Mein Kampf
9789390575794	Memory How To Develop, Train, And Use It
9789390896486	Mind Power
9789390896585	Money
9789390575039	Mortal Coils
9789390575770	My Life and Work
9789390896035	Narrative of the Life of Frederick Douglass
9789390575152	Neville Goddard: The Collected Works
9789390575985	Northanger Abbey
9789390896530	Notes From Underground
9789390896547	Oliver Twist
9789390575459	On War
9789390575541	One, None and a Hundred Thousand
9789390896554	Othelo
9789390575435	Out Of This World
9789390575015	Persuasion
9789390575510	Prayer The Art Of Believing
9789390575091	Pride and Prejudice
9789390896561	Psychic Perception
9789390575381	Rabindranath Tagore - 5 Best Short Stories Vol 2
9789390575367	Rabindranath Tagore - Short Stories (Masters Collections Including The Childs Return)
9789390575374	Rabindranath Tagore 5 Best Short Stories Vol 1 (Including The Childs Return
9789390896622	Romeo & Juliet
9789390896127	Sanatana Dharma
9789390575596	Seedtime & Harvest
9789390896639	Selected Stories of Guy De Maupassant
9789390575206	Self-Reliance & Other Essays
9789390575176	Sense and Sensibility
9789390575299	Shyamchi Aai

9789390896738	Socialism Utopian and Scientific
9789390896646	Success Through a Positive Mental Attitude
9789390575428	The Adventures of Huckleberry Finn
9789390575183	The Adventures of Sherlock Holmes
9789390575343	The Adventures of Tom Sawyer
9789390896691	The Alchemy Of Happiness
9789390575862	The Art Of Public Speaking
9789390896288	The Autobiography Of Charles Darwin
9788194914181	The Best of Franz Kafka: The Metamorphosis & The Trial
9789390575008	The Call Of Cthulhu and Other Weird Tales
9789390575107	The Case-Book of Sherlock Holmes
9789390896110	The Castle Of Otranto
9789390896745	The Communist Manifesto
9789390575589	The Complete Fiction of H. P. Lovecraft
9789390575497	The Complete Works of Florence Scovel Shinn
9789390896820	The Conquest of Breard
9789390896813	The Diary of a Young Girl
9789390896332	The Diary of a Young Girl The Definitive Edition of the Worlds Most Famous Diary
9789390575701	The Great Gatsby, Animal Farm & 1984 (3In1)
9789390575312	The Greatest Works Of George Orwell (5 Books) Including 1984 & Non-Fiction
9789390575992	The Hound of Baskervilles
9789390896707	The Idiot
9789390896714	The Invisible Man
9789390575657	The Knowledge of the holy
9789390575558	The Law & the Promise
9789390896721	The Law Of Attraction
9789390896776	The Leader in you
9789390896363	The Life of Christ
9789390896196	The Man-Eating Leopard of Rudraprayag
9789390896783	The Master Key to Riches
9789390575268	The Memoirs Of Sherlock Holmes
9789390896479	The Midsummer Night's Dream

9789390575466	The Mill On The Floss
9789390896790	The Miracles of your mind
9789390896660	The Mutual Aid A Factor in Evolution
9789390896448	The Origin of Species
9789390896905	The Peter Kropotkin Anthology The Conquest of Bread & Mutual Aid A Factor of Evolution
9789390896806	The Picture of Dorian Gray
9789390896271	The Picture of Dorian Gray
9789390575275	The Power Of Awareness
9789390896356	The Power of Concentration
9788194824169	The Power of Positive Thinking
9789390575411	The Power of the Spoken Word
9788194914105	The Power Of Your Subconscious Mind
9789390896899	The Power of Your Subconscious Mind
9789390896417	The Principles of Communism
9789390575787	The Psychology Of Mans Possible Evolution
9789390896615	The Psychology of Salesmanship
9789390575732	The Pursuit of God
9789390575398	The Pursuit of Happiness
9789390896851	The Quick and Easy Way to effective Speaking
9789390575947	The Return Of Sherlock Holmes
9789390575138	The Road To Wigan Pier
9789390896981	The Root of the Righteous
9789390575855	The Science Of Being Well
9788194914167	The Science Of Getting Rich, The Science Of Being Great & The Science Of Being Well (3In1)
9789390896011	The Screwtape Letters
9789390896073	The Screwtape Letters
9789390575336	The Secret Door to Success
9789390575695	The Secret Of Imagining
9789390896868	The Secret Of Success
9789390896431	The Seven Last Words
9789390575930	The Sign of the Four
9789390896004	The Sonnets

9789390896516	The Souls of Black Folk
9789390896875	The Sound and The Fury
9789390575244	The State and Revolution
9789390896882	The Story of My Life
9789390896936	The Story Of Oriental Philosophy
9789390896752	The Strange Case of Dr. Jekyll and Mr. Hyde
9789390896943	The Tempest
9789390575916	The Valley Of Fear
9789390575879	The Wind in the willows
9789390896080	The Wind in the willows
9789390575763	Their eyes were watching gofd
9789390575831	Three Stories
9789390896950	Twelfth Night
9789390896592	Twelve Years a Slave
9789390896677	Up from Slavery
9789390896974	Value Price and Profit
9789390896967	Wake Up and Live
9789390896493	With Christ in the School of Prayer
9789390575602	Your Faith is Your Fortune
9789390575473	Your Infinite Power To Be Rich
9789390575251	Your Word is Your Wand
9789390575718	Youth
9789391316099	A Christmas Carol
9789391316105	A Doll's House
9789391316501	A Passage to India
9789391316709	A Portrait of the Artist as a Young Man
9789391316112	A Tale of Two Cities
9789391316747	A Tear and a Smile
9789391316167	Agnes Gray
9789391316174	Alice's Adventures in Wonderland
9789391316136	Anandamath
9789391316181	Anne Of Green Gables
9789391316754	Anthem
9789391316198	Around The World in 80 Days

9789391316013	As A Man Thinketh
9789391316242	Autobiography of a Yogi
9789391316266	Beyond Good and Evil
9789391316761	Bleak House
9789391316778	Chitra, a Play in One Act
9789391316310	David Copperfield
9789391316075	Demian
9789391316785	Dubliners
9789391316051	Favourite Tales from the Arabian Nights
9789391316235	Gitanjali
9789391316068	Gravity
9789391316150	Great Speeches of Abraham Lincoln
9789391316662	Guerilla Warfare
9789391316839	Kim
9789391316822	Mother
9789391316211	My Childhood
9789391316846	Nationalism
9789391316327	Oliver Twist
9789391316853	Pygmalion
9789391316334	Relativity: The Special and the General Theory
9789391316389	Scientific Healing Affirmation
9789391316341	Sons and Lovers
9789391316587	Tales from India
9789391316372	Tess of The D'Urbervilles
9789391316396	The Awakening and Selected Stories
9789391316402	The Bhagvad Gita
9789391316303	The Book of Enoch
9789391316228	The Canterville Ghost
9789391316907	The Dynamic Laws of Prosperity
9789391316006	The Great Gatsby
9789391316860	The Hungry Stones and Other Stories
9789391316433	The Idiot
9789391316440	The Importance of Being Earnest
9789391316297	The Light of Asia

9789391316914	The Madman His Parables and Poems
9789391316457	The Odyssey
9789391316921	The Picture of Dorian Gray
9789391316464	The Prince
9789391316938	The Prophet
9789391316945	The Republic
9789391316518	The Scarlet Letter
9789391316143	The Seven Laws of Teaching
9789391316525	The Story of My Experiments with Truth
9789391316532	The Tales of the Mother Goose
9789391316549	The Thirty Nine Steps
9789391316594	The Time Machine
9789391316600	The Turn of the Screw
9789391316983	The Upanishads
9789391316617	The Yellow Wallpaper
9789391316426	The Yoga Sutras of Patanjali
9789391316990	Ulysses
9789391316624	Utopia
9789391316679	Vanity Fair
9789391316020	What Is To Be Done
9789391316686	Within A Budding Grove
9789391316693	Women in Love